KB160486

Sales Master Series 1

김 대리
영업의
달인이 되다

저자 노진경

약 력 건국대학교 무역학과
인하대학교 경영대학원 MBA

자 격 前, 데일 카네기 코스 강사, 카네기 경영전략 강사, 카네기
리더십 강사, 세일즈 강사
PHD 컨설팅, 경인카네기연구소 소장, 중소기업연수원 외부
강사, 뉴호라이즌 코리아 전임강사
現, 성취동기개발센터/서비스경영연구소 소장, 한국생산성
본부 지도교수, 한국표준협회 경영전문위원, 중소기업연수
원 사이버튜터, 한국능률협회인증원 지도교수, 카이저 교육
컨설팅 지도교수, 한국조직개발협회 지도교수, 애니어그램
일반강사

저 서 『프리젠테이션 마스터 A-Z』(Sales Master Series 2)

표지디자인 **김도영**

비즈니스 1

Sales Master Series 1

김 대리

영업의
달인이 되다

노진경 지음

이담
Books

프롤로그
prologue...

한여름의 무더위가 몸속의 땀을 배출한다. 이마에 흐르는 땀을 닦으며 길을 걷는 김 대리의 몸은 땀으로 얼룩져 있다. 오늘 만나는 고객은 김 대리가 한 달 동안의 노력 끝에 간신히 시간을 허락받았다. 오늘 상담을 성공적으로 마치고, 가방에 계약서를 넣고서 당당하게 사무실로 들어가 과장님께 영업 성과를 보고하는 자신의 모습을 떠올리며 김 대리는 고객의 사무실로 들어섰다.

저쪽에서 그토록 김 대리를 속타게 했던 고객이 컴퓨터를 들여다보며 일에 집중하고 있다. 박철수 부장! 대기업의 구매 담당 부장이다. 꼼꼼한 성격이며 자신의 구매 상담 능력으로 회사가 좋은 조건의 구매를 하는 것을 자신의 업무 목표로 생각하고 있는 스타일이다.

김 대리는 심호흡을 하고 박철수 부장의 책상으로 다가가서 "안녕하십니까! 어제 전화드린 (주)잘나가 영업사원 김기대입니다."라고 인사를 했다. 박철수 부장은 "예. 잠시만 기다려 주십시오." 하면서 옆 테이블의 자리를 가리킨다. 김 대리는 자리에 앉아 어떻게 상담을 전개할 것인가를 생각하면서 박철수 부장이 일을 중단하기를 기다린다. 20분 정도의 시간이 흐른 뒤 박철수 부장이 자리에서 일어나 김 대리 앞쪽에 앉으며 "어떤 용건으로 왔습니까?"라고 묻는다. 김 대리는 순간 당황한다. 분명 어제 전화 통화를 하면서 이번에 새로 출시된 최첨단 복사기에 대해 흥미가 있다고 해서 오늘 상담을 약속했었다. 김 대리는 "예, 어제 말씀드린 이번에 저희 회사에서 개발한 최첨단 복사기 건으로……"라고 이야기를 하자 박철수 부장은 "아! 이제 기억이 나네요. 처리해야 하는 일들이 많아서 잠시 잊었습니다." 하면서 "그럼 제품 안내 카탈로그를 보여 주세요! 제가 검토를 한 후 연락을 드리도록 하겠습니다."라고 한다. 김 대리는 얼른 가방에서 카탈로그 뭉치를 끄집어내어 신제품 카탈로그를 찾아 박철수 부장에게 건네주면서 "이번에 저희 회사가 야심작으로 시장에 출시한 제품입니다. 이 복사기는……" 하면서 설명을 하려 하자 박철수 부장은 "예! 알고 있습니다. 제가 검토한 후 연락을 드리지요." 하면서 김 대리의 말을 끊는다. 김 대리는 순간 말문이 막힌다. "이것이 아닌데. 제품에 대한 설명을 자세히 해야 하는데……. 내가 준비한 말을 시작도 하지 않았

는데……. 정말 이 제품에 관심을 갖고 있는 것인가?" 하는
생각이 들었다. 그때 박철수 부장은 "제가 지금 회의에 들어
가야 하기 때문에 카탈로그를 보고 필요하면 연락을 드리겠
습니다. 다음에 또 뵙지요." 하면서 먼저 자리에서 일어난다.
김 대리는 "예! 부장님, 궁금한 점이 있으시면 연락을 주시기
바랍니다."라고 어쩔 수 없이 대답을 하고 자리에서 일어난
다. 박철수 부장은 급한 듯이 회의실로 들어가고 김 대리는
힘이 빠진 모습으로 한여름의 태양 아래로 나선다. 이글거리
는 태양이 김 대리를 더 힘들게 한다. "오늘은 꼭 계약서를
받아야 한다. 벌써 이번 달의 마지막 주라서 이래서는 이번
달 목표를 달성하기 어렵다." 김 대리는 자신의 목표 달성
실패가 가져올 여러 가지 힘든 상황을 상상하면서 자신의 영
업스타일과 능력에 대해 의문이 든다. 그리고 생각을 해본다.

왜 나는 고객과의 상담을 주도적으로 이끌지 못하지?
왜 박철수 부장은 상담 준비가 되어 있지 않은 거지?
고객들의 흥미를 끌어낼 수 있는 방법은 없는가?
이대로 내가 영업을 계속해야 하는가?
나는 영업에 소질이 없는가?
고객이 나를 기다리게 하는 방법은 없는가?

고객이 스스로 구매를 해야겠다는 마음이 들게 하는 방법

은 없을까? 이런저런 생각을 하면서 길을 걷던 김 대리는 자신도 모르게 근처의 공원으로 향한다. 공원 모퉁이에 있는 벤치에 앉아 흐르는 땀을 닦으며 자신의 일과 관련된 의문을 생각하던 김 대리는 건너편 벤치에 사람들이 모여 진지하게 이야기하는 모습을 발견했다. 김 대리는 자신도 모르게 그 벤치로 다가간다. 그 벤치 주위에는 김 대리처럼 정장을 한 샐러리맨들이 가운데 앉아 있는 사람의 이야기에 귀를 기울여 경청을 하고 있다. 가운데 앉아 있는 사람은 샐러리맨들의 질문을 진지하게 경청하고 개개인의 질문 하나하나에 진지하게 답을 해준다. 대답을 들은 샐러리맨들은 고개를 끄덕이며, 각자 자신들의 문제가 해결된 듯한 표정으로 바뀐다. 그들이 자리를 떠날 때마다 그들의 발걸음은 힘차고 얼굴에도 자신감이 넘치는 것이 아닌가?

이러한 모습을 지켜보던 김 대리는 모든 사람들이 떠난 것도 모르고 그 자리에서 이야기를 하던 사람을 지켜본다. 나이는 40대 중반, 얼굴 표정은 편안하고 시선은 무언가 골똘히 생각하는 듯하면서도 지혜가 넘쳐 보인다. 그때 그 사람이 김 대리를 발견하고 "혹 무슨 문제가 있습니까?" 하면서 차분한 목소리로 김 대리에게 말을 건다. 김 대리는 순간 당황했다. 그러자 그 사람은 자리에서 일어나 "나는 노충담입니다. 다른 사람들은 나를 비즈니스 코치라고 하지요. 매주 오늘 이 시간에 이 자리에서 샐러리맨들의 이야기를 듣고 제

나름의 아이디어와 지혜를 주지요. 그것이 그들에게 얼마나 도움이 되는지는 잘 모르지만 매주 오는 사람들이 많아지네요. 혹 선생님께서도 누군가에게 말하기 어려운 고민이나 업무와 관련된 문제가 있으시면 이 시간에 이 자리에 오면 저를 만날 수 있을 겁니다." 하면서 "행운을 빕니다."라는 말을 남기고 공원을 벗어난다.

김 대리는 어떤 상황인지 이해를 하려 하면서 공원을 벗어나 회사로 향한다. 사무실의 분위기와 과장의 불호령을 상상하면서……. 어떻게든 오늘 하루를 마칠 수 있겠지 하는 자포자기의 심정으로 자신의 자리로 간다. 마음 구석에는 오늘 공원에서 만난 사람을 생각하면서…….

과연 김 대리는 비즈니스 코치라는 사람과의 관계를 어떻게 형성해 나갈까? 당신은 당신이 하는 일에서 당신을 도와주는 코치를 두고 있는가? 당신은 일을 추진하는 동안 어려움에 봉착했을 때 도움을 받을 수 있는 코치가 있는가? 당신은 당신의 성장을 위해 스스로 코치를 찾은 적이 있는가?

저자는 대학을 졸업하고 처음 하게 된 일이 교육 프로그램을 판매하는 일이었다. 그 당시 영업이 무엇인지, 어떻게 고객과의 상담을 풀어 가야 하는지, 고객을 설득하는 방법에는 무엇이 있는지에 대한 정보나 지식 없이 고객을 만나러 다녔다. 저자의 명함에는 컨설턴트라는 호칭이 이름 앞에 인쇄되어 있었다.

어느 날 저자는 여의도의 63빌딩에 입주한 한 업체의 마케팅 실장을 만나러 갔다. 그분과의 미팅이 저자에게 하나의 전환점이 되리라고는 생각하지도 못한 채. 그분은 저자에게 "나를 도와줄 수 있는 것이 무엇인가? 무엇으로 나의 귀중한 시간을 보충해 줄 것인가?"라는 질문을 하였다. 저자는 "무슨 말씀이신지요? 저는 ○○○에서 영업을 하고 있습니다. 제가 오늘 방문드린 것은 저희 회사의 프로그램을 소개하기 위해서입니다."라고 대답하자, 그분은 생각지도 않은 질문을 던졌다. "당신 회사는 잘 알고 있습니다. 당신의 상사인 ○○○ 과장도 잘 알고 있고……. 당신 명함에는 컨설턴트라 적혀 있군요. 무엇을 도와주시겠습니까!" 저자는 대답을 할 수 없었다. 왜냐하면 그분을 도와주기 위해 방문을 한 것이 아니고 내게 주어진 판매 목표를 위해 방문을 하였기 때문이었다.

그때 그분은 "노진경 씨, 당신이 왜 나를 방문하였는지 잘 알고 있습니다. 당신의 방문목적을 달성하는 것보다 나에게 도움이 되는 방문이 되어야지요. 나는 내 업무와 회사의 성과를 위해 일하는 사람이지, 노진경 씨를 도와주기 위해 있는 사람이 아닙니다. 내 업무와 회사에 도움이 된다면 그것이 무엇이든 나는 구입을 할 것입니다. 그리고 명함에 컨설턴트로 적혀 있는데, 그럼 그 명칭에 걸맞는 준비를 하고 고객을 만나야 하는 것 아닌가요? 지금으로서는 내가 당신을 도와줄 수 있는 방법이 없네요. 혹 나중에 당신이 나를 도와줄 수 있는 아이디어나 방법이 있다면 전화 주세요." 하면서 자리에서 일어났다. 저자는 무슨 말을 해야 할지 몰랐다. 판매를 기대하고 방문을 한 그 회사를 나오면서 나는 실망감을 가질 수밖에 없었다. 그리고 그 고객이 나에게 던진 질문에 대한 답들을 생각해 보았다.

무엇이 문제인가?
왜 내 이야기는 듣지 않고 자신의 이야기만 하는가?
영업이란 과연 무엇인가?

이렇게 해서 인정받는 영업사원이 될 수 있을까?하는 복잡한 생각이 들었다. 그 당시 저자가 생각해 낸 방법은 고객을 만날 때 나 또한 준비가 되어 있어야 한다는 것이었다. 준비할 것은 일단 고객과 상담이 가능하도록 지식을 습득하고 정보를 찾는 것이라고 생각하고 책을 사서 읽고 다양한 정보매체를 활용해 정보를 탐색하고 가공을 하여서 고객에게 제공하고, 또 그 정보를 활용해 새로운 영업의 기회를 발견하고 제대로 된 상담을 하는 것이었다. 이러한 노력 덕분에 조금씩 영업에 대해 이해할 수 있었고, 더불어 성과를 올리는 데도 도움이 되었다.

지금 되돌아보면 그때의 경험이 오늘날의 저자를 만든 것이라 생각한다. 우리는 많은 사람들을 통해 자신의 존재감을 확인한다. 자신의 존재감을 찾고 강화할 수 있는 사람을 만난다는 것은 엄청난 행운이다. 특히 비즈니스 생활을 하는 이들에게는 자신에게 부족하거나 자신의 업무를 제대로 수행할 수 있는 방법을 알려주고 지원해 줄 수 있는 사람을 만나 자신의 존재감(경력과 역량 강화)을 키우는 것은 개인의 성장과 발전에도 매우 중요하다.

이 책이 전하는 내용을 통해 당신도 당신의 존재감을 강화하고 성과를 올리는 데 도움이 되는 비즈니스 코치를 선택하여 코치로 모시거나 만날 수 있기를 바란다.

노진경

차례
contents

contents

일의 가치를 알아라

제1장 일의 가치를 알아라

김 대리는 힘겨운 하루를 마치고 동료들과 가벼운 술자리를 갖는다. 자주 있는 자리이지만 오늘은 영 기분이 나지 않는다. 다른 동료들은 일을 즐겁게 하는 것 같기도 하고 자신과 같은 고민도 없는 듯하다. 하여간 동료들과 가벼운 주제로 이야기를 나누던 중 누군가 묻는다. "우리는 어떤 일을 하고 있는가?" 김 대리는 정신이 번쩍 든다. "우리가 어떤 일을 하느냐고?" 그때 다른 동료들은 무거운 주제는 그만두자고 한다.

김 대리의 머릿속에는 그 말이 맴돈다. "우리는 어떤 일을 하는가?" 우리는 영업을 하고 있는 것이 아닌가? 영업은 회사의 제품을 많이 파는 것이 아닌가? 그런데 무슨 일을 하고 있냐니? 또 다른 의미가 있다는 것인가? 이런저런 생각으로 머리가 혼란스러워진 김 대리는 늘 그렇듯이 생각하는 것을 그만두고 일상으로 돌아가야 하는 중압감을 느끼며 술자리에 어울린다.

그 후 며칠 동안은 월 목표를 채우기 위해 정신없이 보냈다. 그러던 어느 날 김 대리는 자신이 지난번 비즈니스 코치라고 불리는 사람을 만났던 공원을 지나치게 되었다. 혹시나 하는 마음으로 김 대리는 공원으로 들어섰다. 과연 저쪽에 많은 샐러리맨들이 모여 있는 것이 아닌가? 김 대리는 그들과 함께 어울리는 것이 어색해 조금 떨어진 벤치에 앉아 그들의 행동을 지켜보기로 했다. 그들 중 몇몇은 비즈니스 코치로부터 유익한 조언을 들은 듯이 밝은 표정으로 바쁘게 공원을 빠져나간다. 그들의 모습을 보면서 김 대리는 "무엇이 저들을 긍정적으로 만들었을까"에 대한 의문이 든다.

그때 "안녕하세요? 지난번에 만났던 분이군요. 멋진 날이 아닌 것 같군요. 오늘 하루는 어땠습니까?"라는 질문을 하면서 비즈니스 코치라는 사람이 김 대리가 앉아 있는 벤치로 와서 옆에 앉는다. 김 대리가 어떤 대답을 할지 망설이고 있을 때 그 비즈니스 코치는 "누구나 자신이 하는 일에 의문을 갖고 있지요. 내가 하는 일은 어떤 일인가? 나는 내 일에서 성공할 수 있을까? 왜 다른 사람들은 나의 능력을 인정하지 않지? 이런 고민을 하고 있고 그 고민에 대한 답을 찾으려고 노력하지요. 당신은 어떻습니까?"라고 말을 건넨다.

김 대리는 당황하면서 아직 자신을 소개하지 않았다는 것을 떠올린다. "저는 ㈜잘나가에서 영업을 하는 김기대 대리입니다. 지난번에 인사를 하고도 제 소개를 하지 못했군요."라고 대답을 한다. "알고 있습니다. 제가 김기대 대리에게 도움이 되었으면 합니다."라고 그 비즈니스 코치는 마치 김 대리를 예전부터 알고 있었던 듯이 말한다. 김 대리는 놀란 표정으로 "어떻게 저를 알고 있습니까? 저는 당신을 잘 모르는데요?"라고 한다. 그러자 그 비즈니스 코치는 "나는 나와 대화를 나누는 사람은 누구든지 반갑게 인사를 합니다. 그리고 지난번에 내가 나를 김 대리에게 소개한 것을 기억합니다. 그래서 나는 당신을 알고 있는 것이지요."라고 비즈니스 코치는 대답한다. "그리고 나는 나와 대화를 나누는 사람이 누구든 그 사람의 성공을 간절히 원하고 있습니다. 김 대리도 그렇게 될 것을 확신합니다. 나와 김 대리가 대화를 나누는 것 자체가 이미 우리가 보통 이상의 인연이라는 것을 말해 주는 것이 아닐까요?" 김 대리는 놀란 마음을 진정하고 비즈니스 코치를 자세히 바라본다. 그의 표정과 눈빛 그리고 여유 있는 태도를 보아 그냥 지나칠 수 없는 인연이라는 생각이 든다. 하지만 "이 사람이 나에 대해 얼마나 알고 있을까? 나는 이 사람에게 무엇을 기대할 수 있을까? 이 사람은 나에게 어떤 도움을 줄 수 있을까?"라는 의문이 든다.

"김 대리가 당황하는 것 이해합니다. 누구나 나를 처음 만나 대화를 할 때는 당황하지요. 하지만 내가 김 대리에게 도움이 되는 사람이라는 것을 확신합니다. 문제는 김 대리가 언제 마음을 열고 나를 받아들이는가에 달렸겠지요. 나는 질문을 많이 하는 사람입니다. 물론 그 질문에 답을 할 건지 말 것인지는 상대방이 판단할 문제이지만……." 하고 비즈니스 코치는 말한다. "나는 내 역할을 사랑합니다. 나의 지혜와 경험 그리고 생각들이 다른 사람들의 성공적인 삶에 도움이 된다는 것에 자부심을 느끼죠. 물론 보수는 전혀 기대하지 않습니다. 나와 대화를 나누고 자신들의 문제를 이야기하고 함께 고민하고 나의 대답이 그들에게 도움이 되며 그들의 삶에 작은 불씨가 되는 것이 최고의 보상이지요. 김 대리도 나에게 그러한 기쁨을 주리라 믿습니다."

김 대리는 적지 않게 놀랐다. 김 대리는 "자신의 지혜와 경험 그리고 아이디어를 제공해 주면서 보상을 기대하지 않는다고? 게다가 다른 사람들과 이야기를 나누는 것 자체를 즐긴다고? 어떻게 보상 없이 일을 할 수 있단 말인가?"라는 생각을 한다.

그때 비즈니스 코치는 "김 대리는 어떤 일을 하고 있지요? 그 일이 존재하는 이유는 무엇이라고 생각합니까?"라고 질문을 한다.

김 대리: (문득 김 대리는 며칠 전 동료들과의 저녁자리에서 이와 똑같은 질문이 나온 것을 기억한다.) 무슨 말씀인가요? 저는 영업을

하고 있다고 말씀을 드렸는데요. 저는 영업을 하고 있습니다. 제가 하는 일은 회사의 제품을 많이 판매하는 것입니다. 그 이상 다른 이유가 있나요?

비즈니스 코치: 그럼 김 대리가 말하는 영업이 회사의 제품을 많이 판매하는 것이라면 그 중심은 누구인가요?

김 대리: (다시 어이없어하며) 그건 당연히 회사이지요. 회사는 제품을 많이 팔아야 수익을 남기고, 그래야…….

비즈니스 코치: 그럼 당신이 만나는 고객은?

김 대리: 예! 무슨 말씀입니까? 고객은 고객일 뿐이죠. 고객은 설득을 해서 우리 회사 제품을 많이 사도록 하는 대상일 뿐입니다.

비즈니스 코치: 그럼 고객은 왜 김 대리 회사의 제품을 구매합니까? 다른 회사의 제품도 많이 있을 텐데…….

김 대리: 그거야 우리 회사 제품이 가격이 합리적이고 품질도 괜찮으며, 때로는 영업사원들이 말을 잘해서지요!

비즈니스 코치: 과연 그럴까요? 그럼 최근에 김 대리는 어떤 물건을 구입한 적이 있습니까?

김 대리: 있습니다. 며칠 전 휴대용 멀티미디어 플레이어를 구입했습니다.

비즈니스 코치: 김 대리는 왜 그 제품을 구입했습니까? 그 제품을 만든 회사와 개인적인 인연이 있나요? 그 회사를 김 대리는 좋아하나요? 잘 알고 있나요? 그 제품을 판매한 판매 사원

과는 친구 혹은 친척 간인가요? 그 판매 사원이 말을 잘해서
인가요? 가격이 저렴해서인가요? 왜 구입을 했습니까?

김 대리: 아닙니다. 제가 필요해서 구입을 한 것입니다.

비즈니스 코치: 왜 그 제품이 필요하지요?

김 대리: (진짜 의아해하며) 저는 출장이 많기 때문에 이동 중에
음악을 듣거나 영화 등의 동영상을 보면서 쉬고 싶기 때문
입니다. 아시다시피 대중 교통을 이용하면 다른 사람들의 이
야기 때문에 신경이 많이 쓰이잖아요?

비즈니스 코치: 그럼 김 대리가 휴대용 멀티미디어 플레이어를
구입한 이유는 단순히 김 대리의 편리함과 휴식을 위해서이
군요?

김 대리: 그렇지요.

비즈니스 코치: 그럼 그 제품을 구입할 때 가격은 어땠나요?

김 대리: 가격은 제가 구입한 것보다 싼 제품도 많았고 비싼
제품도 몇 개 있었죠. 제가 구입한 제품은 고가에 속합니다.
그런데 가격이 궁금하십니까?

비즈니스 코치: 그럼 왜 싼 제품을 구입하지 않고 고가인 그
제품을 구입했지요?

김 대리: 그건 당연한 것 아닌가요? 제가 필요로 하는 기능이
있기 때문이지요.

비즈니스 코치: 그럼 김 대리가 그 제품을 구입한 이유는 제조
회사에 대한 믿음과 판매 사원의 화술보다는 김 대리의 욕

구가 중요한 것이었군요?

김 대리: 당연하죠!

비즈니스 코치: 자, 그럼 이 단계에서 내가 김 대리에게 과제를 하나 드리지요. 다음 주에 만날 때 김 대리가 하는 일이 무엇이고 왜 존재하는지를 알아 오시기 바랍니다. 그럼 나는 다른 약속이 있어서……. 다음 주 이 시간에 이 자리에서 만납시다.

비즈니스 코치는 아무 거리낌 없이 자리에서 일어나 공원 출구로 발걸음을 향한다. 김 대리는 그 자리에 앉아 멀어져 가는 비즈니스 코치의 뒷모습을 바라본다.

"내가 하는 일이 어떤 일이냐고? 왜 내 일이 존재하냐고? 회사가 필요해서 있는 것이 아닌가? 고객은 왜 우리 회사와 거래를 하느냐고? 등등에 대한 답을 생각하면서 김 대리는 회사로 발걸음을 향한다. 그때 맞은편에서 김 대리와 오랫동안 비즈니스 거래를 해 온 ○○○회사 박동수 과장이 오는 것이 아닌가? 김 대리는 반갑게 인사를 한다. "안녕하셨습니까! 박동수 과장님!" 그러자 박동수 과장도 "아! 김 대리님. 잘 지내시죠? 한동안 얼굴을 뵙지 못했습니다."라고 반갑게 인사를 건넨다. 김 대리는 박동수 과장이 늘 맘에 든다. 언제나 상냥하고 업무처리도 잘하고 무엇보다 김 대리의 최고 고객이 아닌가? 그래서 김 대리가 "박동수 과장님, 잠시 시간 좀 내주시겠습니까? 물어볼 말이 있어서요!"라고 하자 박동수 과장도 흔쾌히 좋다고 한다. 근처의 커피숍에 들어간 김 대리는 자리에 앉자마자 박동수 과장에게 "과장님은 왜 저희 회사와 거래를 하는 것입니까? 경쟁사도 많은데……?"라고 질문을 한다. 박동수 과장은 김 대리를 한동안 쳐다보다가 "글쎄, 김 대리가 일을 잘해서가 아닐까요?"라며 농담조로 대답을 한다. 김 대리가 진지하게 "솔직히 말씀해 주시기 바랍니다. 제가 진짜 궁금하거든요."라고 하자 박동수 과장은 "그래요. 김 대리가 일을 잘하는 것도 하나의 이유입니다. 그러나 진짜 이유는 김 대리가 일하는 회사의 제품이 마음에 들어서지요. 다른 경쟁사 제품보다 사실 가격이 저렴하진 않지만 우리가 원하는 품질이고 또 우리 직원들의 업무 효율에 도움이 되기 때문입니다. 사실 오늘도 다른 회사 영업사원이 방문을 하였는데 자기 회사 제품 자랑만 늘어놓고는 그냥 가 버렸습니다. 그 제품이 우리에게 어떤 도움이 되는지는 이야기도 하지 않더군요."라고 대답한다.

"그럼 우리 회사 제품이 박동수 과장님 회사에 도움이 되지 않는다면요?"라고 김 대리가 묻자 박동수 과장은 잠시 머뭇거리며 "그러면 다른 회사와 거래를 하겠지요. 회사로서는 당연한 것 아닙니까? 그렇다고 김 대리님이 싫어진 것은 아닙니다. 핵심은 우리의 문제를 김 대리 회사 제품이 해결해 준다는 것이지요."라고 박동수 과장은 대답한다. 박동수 과장의 대답을 들은 김 대리는 머릿속에 스쳐 지나가는 말이 떠오른다. 조금 전 비즈니스 코치에게 자신이 휴대용 멀티미디어 플레이어를 구입한 이유도 자신이 필요하고 자신의 욕구를 채워 주기 때문이라는 말이……

박동수 과장과 20분 정도 더 이야기를 한 후 헤어진 김 대리는 뭔가 답이 떠오를 것 같았다. "자신들의 문제를 해결해 주기 때문에 우리 회사 제품을 구입하여 사용을 한다. 그것이 다른 경쟁사의 제품을 구입하지 않는 이유이다. 김 대리 자신을 좋아하는 것도 이유이긴 하지만 절대적인 이유는 아니다."라는 박동수 과장의 말이 뇌리에서 사라지지 않는다.

김 대리는 좀 더 명확한 답을 찾기 위해 이번 주에 고정 고객들에게 같은 질문을 해 보기로 결심한다.

일주일 후

김 대리는 고객과의 상담으로 조금 늦게 공원에 도착했다. 다른 샐러리맨들의 모습도 보이지 않는다. 벌써 이야기들을 끝내고 자신들의 일터로 돌아간 것 같다. 혹 비즈니스 코치가 없으면 어쩌나 하는 걱정으로 공원 벤치로 다가간 김 대리는 혼자 사색에 잠겨 있는 비즈니스 코치를 발견한다. 안도의 한숨을 내쉰다. 빠른 걸음으로 비즈니스 코치에게 다가간 김 대리는 "안녕하셨습니까? 일주일간 잘 지내셨어요? 제가 조금 늦어 혹 계시지 않을까 걱정했습니다."라고 인사를 건넨다.

비즈니스 코치: 아! 김 대리님 아닙니까! 오늘은 다른 약속이 없어서 내 일에 대해 생각을 하고 있었습니다. 일주일간 잘 지내신 것 같군요! 물론 성과도 좋으셨으리라 생각합니다. 그런데 지난번에 제가 한 질문에 대해서는 답을 찾으셨는지요?

김 대리: 예! 지난번 대화 후에 곰곰이 생각을 했습니다. 특히 고객들에게 '왜 저희 회사와 거래를 하는지?'에 대한 질문을 해 보았습니다. 고객들의 답은 한결같더군요. 자신들이 가진 문제를 해결해 주기 때문이라고들 했습니다.

비즈니스 코치: 그래요? 아주 고무적인 일이네요. 그래서 김 대리께서 내린 결론은 무엇입니까?

김 대리: (목소리를 가다듬으며) 제가 내린 결론은, 고객들은 자신들의 문제를 해결할 수 있는 제품을 구매한다는 것입니다. 따라서 저는 고객들에게 문제 해결에 필요한 제품과 방법을 소개하는 일을 하고 있는 셈이지요.

비즈니스 코치: 좋습니다. 김 대리의 말대로 영업이란 "고객의 문제 또는 욕구를 파악해 그 해결방법과 기술을 고객들에게 논리적으로 전달해 고객을 설득하는 과정과 그 과정의 마무리 그리고 지속적인 비즈니스 관계를 유지하는 것"으로 정의할 수 있겠군요.

김 대리: (깜짝 놀라며) 영업이 그런 것입니까? 저는 이제까지 무조건 회사의 제품을 많이 파는 것이 영업이라고 생각하였는데……

비즈니스 코치: 맞습니다. 회사 제품을 판매하지 못하는 영업

사원은 존재 가치가 없습니다. 그리고 물건을 팔아야 하는 것은 당연합니다. 문제는 고객과의 비즈니스를 어떤 식으로 하느냐가 중요하지요. 제품을 구입한 고객이 그 제품에 대해 불만을 가진다면 올바르게 제품을 판매한 것이 아니거나, 고객 입장에서 영업사원에게 자신이 강제로 설득을 당했다는 느낌을 가졌기 때문입니다. 고객이 자신에게서 구입한 제품에 대해 확고한 신뢰를 갖고 자신의 문제를 해결할 수 있거나 욕구를 채울 수 있다는 확신을 가질 때 영업사원은 제대로 영업을 하였다고 할 수 있습니다.

김 대리: 그렇다면 제품을 구입하는 것이 고객 입장에서는 매우 중요한 일이겠군요.

비즈니스 코치: 당연하지요. 자신의 구매 결정에 고객은 만족하기를 바랍니다. 새로운 제품을 구입했다는 만족이 아니라 자신의 문제를 해결할 수 있다는 만족, 자신의 욕구를 채울 수 있다는 만족을 고객은 기대하고 있습니다.

김 대리: 그럼 회사에서 고객만족을 위해 새로운 부서를 만들고 운영하는 것도 영업입니까?

비즈니스 코치: 그것도 영업의 한 분야라고 볼 수 있겠지요. 고객만족을 통해 고객들이 재구매를 하도록 하거나 다른 사람들에게 추천을 해 주기를 바라는 것으로 볼 때 영업의 일부분이라고 볼 수 있습니다. 하지만 진정한 영업은 새로운 고객을 발굴하는 것, 잊혀진 고객을 찾아내는 것, 경쟁사의 고

객을 자신의 회사로 전환시키는 것 그리고 기존 거래 고객의 거래량을 늘리는 것입니다.

김 대리: 그렇게 보니까 영업이라는 것이 굉장히 의미 있고 가치 있는 일이라는 생각이 듭니다. 그럼 새로운 고객이든, 경쟁사 고객이든, 사장된 고객이든, 기존 고객이든, 그들이 스스로 우리 회사 제품을 사도록 설득하는 것이라면 어떻게 해야 합니까?

비즈니스 코치: 핵심적인 질문이군요. 먼저 고객이 자신의 문제와 욕구를 알아야 합니다. 우리는 이것을 니즈라고 하지요. 그런데 고객이 자신의 진정한 니즈를 알지 못하는 경우도 있습니다. 다음은 영업사원이 제시하는 해결책이지요. 영업사원은 다양한 해결책을 갖고 있어야 합니다. 그리고 고객이 결정을 하도록 하는 설득력이 필요하겠지요. 이것들을 통해 고객의 비즈니스를 도와주는 영업사원이 되어야 합니다. 이를 위해서는 영업사원의 역할이 바뀌어야 합니다. 고객을 바라보는 시각도 바뀌어야 하고, 자신이 판매하는 제품과 몸담고 있는 회사 그리고 동료들, 회사의 전문가들 등등을 바라보는 시각을 바뀌야지요. 또한 영업이라는 업무가 자신에게 주는 기회와 영업 업무의 가치를 새롭게 인식해야 할 것입니다. 이러한 것에 대해서는 다음에 이야기를 나눠야 하겠군요. 김 대리께서도 이것에 대한 답을 생각해 보시기 바랍니다. 오늘은 여기서 이야기를 마쳐야겠습니다.

비즈니스 코치는 또다시 자리에서 일어나 조금의 머뭇거림 없이 공원을 벗어난다. 김 대리는 영업이라는 것의 역할을 다시 생각해 본다. "고객의 문제를 해결하고, 욕구를 채울 수 있는 방법을 설득해 고객이 스스로 구매를 하도록 한다." 지금까지 김 대리가 알고 있던 영업과는 상당히 다른 정의이다. 그런데 그 정의 속에 영업의 노하우가 있을 것이라는 확신이 든다. 김 대리도 자리에서 일어나 발걸음을 재촉한다. 김 대리는 자신의 발걸음이 한결 가벼워진 것을 느낀다.

고객이 찾고 기다리는
영업사원이 돼라

대리는 자신과 동료들이 어떠한 생각을 갖고 지금까지 일을 해 왔는가를 알아본다. 동료들에게 "우리는 어떠한 일을 하는가?"라는 질문을 하자 동료들은 마치 김 대리가 너무나 당연한 것을 묻는 것으로 여기면서 "회사 제품을 판매하는 것이 아니냐?"고 되묻는다.

김 대리는 비즈니스 코치가 정의를 내린 영업을 어떻게 수행하고 그렇게 수행하였을 때 얻을 수 있는 이익이 무엇인지 궁금해진다.

오늘도 김 대리는 고객 한 명을 방문하였으나 만족스러운 상담이 되지 못했다. 고객은 김 대리의 설명에 관심이 없는 듯한 표정을 보이고, 시계를 보면서 빨리 끝내 주기를 바라는 눈치를 상담 중 여러 번 보인 것이다. 김 대리는 자신의 열정적인 설명이 고객을 설득할 수 없는 것에 실망했다. "고

제2장 고객이 찾고 기다리는 영업사원이 돼라

객은 왜 영업사원들을 싫어하지? 고객들은 왜 상담에 소극적으로 응하는가? 고객이 영업사원을 만나고 싶어지게 하는 방법은 없는가?" 등등에 대한 고민에 빠진다. 또한 영업사원은 오라는 곳은 없어도 갈 곳은 많다고 생각하는가? 지금과 같이 무조건 방문을 하는 영업 형태를 어떻게 바꾸어야 하는가? 이번에는 비즈니스 코치에게 김 대리가 먼저 이러한 것들을 질문해서 답을 찾아봐야 하겠다고 결심한다.

오늘 김 대리는 시간을 내어 먼저 공원에 도착하여 비즈니스 코치에게 던질 질문을 생각하고 있다. 그때 비즈니스 코치가 나타났다.

비즈니스 코치: 김 대리 아니십니까? 오늘은 일찍 왔군요. (하면서 김 대리 옆에 앉는다.)

김 대리: 예! 궁금한 점이 있어서…….

비즈니스 코치: 무엇이 궁금한가요?

김 대리: 먼저, 왜 고객들은 영업사원들을 싫어하는 것인지, 고객들은 왜 상담에 소극적으로 응하는지, 고객이 영업사원을 만나고 싶어지게 하는 방법은 없는지에 대해 알고 싶습니다.

비즈니스 코치: (빙그레 웃으면서) 그러한 질문을 할 줄 알았습니다. 김 대리는 고객들이 왜 그러한 반응을 보인다고 생각합니까?

김 대리: (비즈니스 코치를 쳐다보며) 글쎄요? 뭔가 고객들의 맘에 들지 않는 것이 있기 때문일 것 같은데…….

비즈니스 코치: 그럼 지난번 내가 말한 영업의 정의에 대해 어떻게 생각합니까?

김 대리: 내용은 이해를 합니다. 그런데 고객이 가진 문제가 무엇인지, 채우고 싶은 욕구는 또 어떻게 알 수 있는지, 해결책은 무엇인지 등등이 궁금하긴 합니다.

비즈니스 코치: 고객들이 까다롭게 나오는 이유는 무엇이라 생각합니까?

김 대리: 글쎄요. 아마도 우리 회사만 있는 것이 아니기 때문이겠지요. 경쟁사들도 많고, 거래조건이 우리 회사보다 좋은 곳도 있고, 자신들이 선택할 수 있는 대안들이 많기 때문이겠지요.

비즈니스 코치: 그것도 이유일 수 있습니다. 진정한 이유는 그것이 아닌 것 같은데…….

김 대리: 진짜 이유는 따로 있다고요? 그것이 무엇입니까?

비즈니스 코치: 지난번에 우리가 함께 알아본 영업의 정의를 생각해 보시죠. 처음에 고객의 문제 또는 욕구가 나옵니다. 맞지요? 그것이 의미하는 것은 무엇일까요?

김 대리: …….

비즈니스 코치: 그것은 바로 고객들에게는 자신들이 가진 문제와 채우고 싶은 욕구가 중요하다는 것입니다. 그들은 영업사

원의 매출 목표 또는 판매 목표에는 흥미가 없습니다. 자신들의 상황이 더 중요하다는 것입니다. 김 대리는 고객을 만나러 갈 때 어떤 생각을 합니까?

김 대리: 늘 하는 것인데…… 오늘은 어떻게 고객을 설득할까? 어떤 판매조건을 강조해서 계약을 성사시킬 것인가? 등 등이죠.

비즈니스 코치: 그럼, 김 대리 입장과 김 대리가 관심이 있는 것만을 생각하는군요. 앞에서 말했듯이 고객은 김 대리의 입장과 김 대리의 판매 목표, 김 대리가 일하는 회사의 금년 목표 등에 관심이 있을까요?

김 대리: (머뭇거리다) 당연히 관심이 없겠죠!

비즈니스 코치: 맞습니다. 고객은 김 대리의 모든 상황에 대해선 관심이 없습니다. 오직 관심은 자신과 자신의 업무 그리고 자신의 회사 성과이지요. 둘째, 김 대리는 고객과 상담을 할 때 주로 어떤 내용을 이야기합니까?

김 대리: 뭐 남들이 하듯이 인사를 하고 다음에는 카탈로그를 꺼내서 설명을 하지요. 그리고 최근의 판매촉진 정책이나 거래조건들…… 등등.

비즈니스 코치: 그러한 것들이 고객이 기대하는 내용이라고 생각합니까?

김 대리: 당연한 것 아닙니까? 고객이 그러한 것에 관심을 갖는 것이…….

비즈니스 코치: 물론 고객은 그런 내용에 관심이 있습니다. 하지만 순서가 틀렸다는 것이지요. 아마도 그러한 것은 구입 의사를 결정할 때나 나오는 이야기들일 것입니다. 하지만 고객은 아직 그럴 생각이 없습니다. 쉽게 말해서 구입에 대한 필요성을 느끼지 않고 있는 상황에서는 그러한 이야기에 흥미가 없다는 것이지요. 그리고 김 대리가 이야기한 내용은 대부분 계약서 조건들이겠지요. 물론 상품에 대한 설명을 제외하고요. 그렇지 않습니까?

김 대리: 그렇겠군요.

비즈니스 코치: 상품에 대한 설명도 마찬가지일 것 같은데…….
김 대리가 제품 카탈로그를 갖고 설명을 할 때 고객이 진짜로 흥미를 갖고 김 대리의 설명을 듣는다고 생각합니까?

김 대리: 글쎄요? 그럴 것 같기도 하고 아닐 것 같기도 하고…….

비즈니스 코치: 아마도 아닐 것입니다. 왜냐하면 김 대리의 설명은 김 대리 중심이고 고객의 문제 또는 욕구와는 일치되는 것이 아니기 때문입니다. 또 하나 물어보지요. 김 대리는 고객을 설득할 수 있는 세일스 포인트 - 저는 이것이 고객을 설득하는 무기라고 표현합니다. - 로 무엇을 갖고 있나요?

김 대리: 상품이 가진 특징, 회사의 거래조건 등등이겠죠?

비즈니스 코치: 앞에서 강조했듯이 고객은 자신의 문제·욕구에만 관심이 있습니다. 그럼 다음 단계의 관심은 무엇일까요?

김 대리: 다음 단계? 당연히 해결책이겠군요?

비즈니스 코치: 빙고! 맞습니다. 그것도 어떤 해결책일까요?

김 대리: 고객의 문제를 해결하고, 욕구를 채울 수 있는 해결책이겠지요.

비즈니스 코치: 맞습니다. 김 대리가 영업상담에서 고객들에게 말하는 내용이 그 해결책이라고 생각합니까?

김 대리: 아마도 아니겠지요.

비즈니스 코치: 그래서 영업사원은 올바른 해결책을 준비해야 합니다. 고객의 문제와 욕구에 맞는 다양한 해결책을 말입니다. 그럼 이러한 해결책이 준비된 영업사원에 대한 고객의 태도는 어떻겠습니까?

김 대리: 당연히 좋겠지요. 대화도 잘 될 것이고…….

비즈니스 코치: 아마도 고객은 그러한 준비가 갖추어진 영업사원이라면 만나서 상담하기를 기대하지 않을까요?

김 대리: 그럴 것 같습니다. 그런데 과연 그럴 수 있을까요?

비즈니스 코치: 김 대리 자신은 얼마나 준비되었다고 생각합니까? 즉 김 대리는 고객이 얼마나 만나고 싶어 하고, 기다리는 영업사원이라고 생각합니까?

김 대리: 글쎄요. 매일매일 제품을 판매하는 데만 집중을 하다 보니……. 어떻게 준비하면 될까요?

비즈니스 코치: 그전에 김 대리는 영업 업무를 얼마나 좋아합니까? 어떤 영업맨이 되고 싶어요?

김 대리: 그 질문과 고객이 기다리는 영업사원이 되는 것과 어

떤 관계가 있습니까?

비즈니스 코치: 아주 밀접한 관계가 있지요. 자신의 일을 좋아하지 않고, 자신의 일에서 목표가 없는 사람은 진정한 최고가 될 수 없으니까요! 영업 업무가 가진 특징, 영업 업무가 자신에게 주는 기회 그리고 자신이 일하는 분야에서 가진 개인적인 목표를 생각해 봅시다. 먼저 영업의 특징과 기회를 보도록 할까요?

■ ■ ■

영업 업무는 대인관리, 관계 활동이다. 지식, 기술, 태도의 복합 활동이다. 정보 관리(수집, 공유, 분석, 적용) 활동이다. 자기관리 활동이다. 이익 지향적인 활동이다(고객, 자사, 우리). 고객 지향적인 활동이다. 창조적인 활동이다. 자신의 능력(리더십, 인간관계, 커뮤니케이션 등)을 자발적으로 활용, 강화할 수 있는 활동이다.

■ ■ ■

그리고 영업 업무는 한 분야의 전문가가 될 수 있는 기회를 줍니다. 마케팅 전문가, 구매 전문가가 있듯이 영업도 전문적인 분야입니다. 단순히 회사의 상품과 서비스를 판매하는 역할보다는 더 높은 가치를 제공하는 고객의 문제 해결, 고객의 비즈니스 컨설턴트로서 전문가가 되어야 성과를 올릴 수 있는 업무이지요. 이러한 역할을 한다면 영업 전문가로서 많은 기회가 주어질 것입니다. 따라서 다른 어떤 업무보다도 자신의 능력을 창의적으로 활용할 수 있고, 개발할 수 있는

업무지요. 이러한 영업의 특징을 잘 활용할 수 있는 능력을
발휘해 영업 활동을 자신의 것으로 만드는 것이 중요하지요.
진정한 프로 영업사원은 이러한 특징과 기회를 자신의 것으
로 만드는 사람들일 것입니다. 어떻습니까?

김 대리: 그렇군요. 그런데 어떻게 하면 이러한 기회를 내 것
으로 만들 수 있을까요?

비즈니스 코치: 그것은 김 대리가 어떠한 영업사원이 되고 싶
은가에 대한 답이 말해 줄 것입니다. 당장 답을 하지 않아도
좋습니다. 그 답은 김 대리 자신 것이니까요. 중요한 것은 언
제가 되든 그 답을 명확하게 갖고 있어야 한다는 것입니다.

김 대리: (진지하게) 답을 찾도록 노력하겠습니다. 그럼 제가 어떤
준비를 해야 하는지에 대해 말씀해 주십시오.

비즈니스 코치: 아! 그것이 남았군요. 그것에 대한 답은 매주
하나씩 드리도록 하지요. 오늘은 '고객이 기다리는 영업사
원'에 대해서 생각해 봅시다.

▨ ▦ ▨

고객은 자신의 문제 해결과 욕구 충족에만 관심을 갖고 있다. 그리고 고객은 그
문제와 욕구를 해결할 수 있는 해결책에만 귀를 기울인다. 고객은 이러한 준비
가 갖추어진 영업사원을 단순한 영업사원이 아니라 자신의 비즈니스 파트너로
생각하고 자신의 문제를 해결해 주는 비즈니스 컨설턴트로 생각한다. 고객은 이
러한 영업사원과는 진지한 상담을 하기를 기대하고, 또 기다린다.

▨ ▦ ▨

이것으로 오늘의 이야기를 정리하도록 하지요. 김 대리는 영업 업무의 특징과 기회를 자신의 것으로 만들기 위해 어떠한 영업사원이 되고 싶은지에 대해 진지하게 생각해 보기 바랍니다. 고객이 기다리는 영업사원이 되는 방법은 어쩌면 그다음 문제이니까요.

김 대리: 알겠습니다. 진지하게 생각해 보겠습니다.

비즈니스 코치: 다시 한 번 강조하지만 고객이 기다리는 영업사원이 되는 것과 고객이 부담을 가지는 영업사원이 되는 것은 영업을 하는 사람 스스로 선택을 하는 것이고 그 선택에 따라 고객과의 관계, 지속적인 비즈니스 가능성, 새로운 영업의 기회 발굴을 성공적으로 수행할 수 있는가의 여부가 결정될 것입니다.

김 대리는 비즈니스 코치와 헤어지면서 코치가 마지막으로 한 말, 즉 "어떤 영업사원이 될 것인가 하는 것은 선택이 자신의 선택"이라는 말이 머리에 맴돈다. "나는 이제까지 어떤 영업사원이었는가? 고객들은 나를 어떤 영업사원으로 생각하고 있을까? 혹 내가 방문하는 것에 고객은 부담을 느끼고 있지는 않았는지? 고객은 나와의 상담을 기대하고 나를 만나기를 원하고 있는지? 어쩔 수 없이 비즈니스적인 관계만 유지해 왔는지?"

그리고 자신을 기다리는 고객과의 상담을 진지하고 유익하게 진행하고 있는 자신의 모습을 상상해 본다. "과연 그러한 방법이 있는 것인지? 나는 그러한 영업사원이 될 수 있을 것인지?"

그때 김 대리는 지난주 박동수 과장과의 대화가 떠올랐다. 박동수 과장은 김 대리와의 개인적인 관계로 비즈니스를 하는 것이 아니고 자신이 판매하는 상품이 제공하는 이익과 가치 때문이라고 하지 않았는가? "그럼 나는 어떻게 그 이익과 가치를 박동수 과장에게 전달을 하였지? 박동수 과장과 비즈니스를 시작한 것은 내가 신입이었을 때였는데?" 김 대리는 그 내용과 박동수 과장과의 영업 과정이 궁금하였다. 사무실로 돌아온 김 대리는 자료 파일을 찾아서 박동수 과장과의 영업과정을 살펴본다. 자료를 읽던 김 대리는 깜짝 놀랐다. 최근 비즈니스 코치가 자신에게 한 질문과 답들이 그 자료에 있는 것이 아닌가? 영업에 대한 정의와 일의 가치 그리고 고객들이 기다리는 영업사원이 되는 방법⋯⋯.

김 대리는 자료를 읽으면서 박동수 과장과의 거래를 성공시키기 위해 자신이 얼마나 열심히 준비하여 박동수 과장과 상담을 진행하였는지 알게 되었다. 그때 김 대리가 박동수 과장과의 상담에서 한 말 중 "박동수 과장님, 과장님 회사는 지금 급성장을 하고 있습니다. 이러할 때 직원들이 서류 작업과 편집, 복사 등의 일들이 많을 것이고 그러한 일을 수행하는 데 시간이 절대적으로 중요하다고 생각합니다. 그리고 박동수 과장님께서 시간을 절약할 수 있는 사무기기를 찾고 계신다고 말씀을 하셨습니다. 이번에 제가 소개해 드리는 제품은……."
하면서 열정을 갖고 박동수 과장이 말한 문제를 해결할 수
있는 방법과 그 이익을 설득력 있게 영업 프리젠테이션을 한
것이 기억났다. 그리고 그때의 성공으로 자신이 얼마나 축하
를 받았고 기뻐하였는가?

"맞아! 여기에 답이 있었군. 비즈니스 코치가 한 말이 이것
과 꼭 일치하는군! 그런데 그런 능력과 열정이 어디로 갔나?
내가 매너리즘에 빠져 있었던 게 그 이유일 거야! 내가 가장
기본적인 것을 놓치고 있었군!"

김 대리는 다시 한 번 그 자료를 읽으면서 자신의 게으름
과 소홀함에 스스로 한심하다는 생각이 들었다. 그날 김 대
리는 밤 늦도록 자료를 정리하면서 다시 한 번 "고객이 기다
리는 영업맨, 고객의 문제를 해결해 주는 영업사원이 얼마나
인정을 받는가"에 대해 다시 생각하게 되었다.

제3장

달인 비법 1_ 고객의 구매 과정에 개입하라

김 대리는 다시 용기를 내어서 지금까지의 매너리즘을 버리기로 했다. 좀 더 준비하고 계획을 세워 영업을 하기로…….

김 대리는 지금과는 다르게 일을 한다. 좀 더 많은 준비를 하고, 고객과의 상담 건수도 늘리기로 하였다. 그런데 고객과 상담을 하면서 김 대리는 "고객들마다 구매 상황과 구매관계자 그리고 구매를 결정하는데 김 대리가 알고 있는 프로세스와는 다르게 의사결정이 된다는 것을 알았다. 그리고 만나는 사람마다 상담의 내용이 조금씩은 달라야 한다는 것도 알았다. 특히 최근에 목표로 한 고객을 방문했을 때 고객은 "우리도 그러한 사무기기를 찾고 있었지요. 그래서 김 대리와 상담을 통해 유용한 정보를 얻을 수 있을 것이라 기대를 하고 있는데 오늘 아침 갑자기 저희 사장님께서 ○○기업의 카탈로그를 가지고 오셔서 구입하라는 지시를 하셔서 김 대리

이야기는 하지도 못하고 급하게 오전에 계약을 하였습니다. 미안합니다. 다음에 좋은 기회를 보도록 하죠."라고 하는 것이 아닌가? 그 계약사는 김 대리의 경쟁사이다. 김 대리는 당황하면서도 좋은 비즈니스 기회를 놓친 것에 대한 아쉬움이 컸다. 김 대리는 상담에 감사하다는 말을 남기고 밖으로 나왔던 기억이 났다. 그때 얼마나 실망을 하였던지……

고객과 상담을 언제, 어떻게 시작을 하여야 하는가? 이러한 상황에서도 고객이 다른 경쟁사와 비즈니스를 하지 않고 자신과 비즈니스를 하도록 할 수 있을까? 고객이 구매결정을 하는 데 영향력을 미칠 수는 없을까? 그러면 좋은 결과가 나올 것 같은데……

김 대리는 문득 오늘이 비즈니스 코치를 만나는 날이라는 것이 떠올랐다. 그에게서 뭔가 답을 얻을 수 있을 것이라는 기대감으로 걸음을 재촉해 공원에 도착했다.

비즈니스 코치는 다른 샐러리맨들과 열심히 대화 중이었다. 김 대리는 그들의 대화가 끝나기를 기다려 비즈니스 코치에게 다가갔다.

김 대리: 안녕하셨습니까! 여전히 인기가 좋으시군요?

비즈니스 코치: (반갑게 김 대리를 맞이하며) 인기가 좋아 보입니까? 난 인기라고 생각하지 않는데. 저들에게 내가 도움이 된다는 것에 굉장한 보람을 느끼고 있지요.(하면서 멀어져 가는

샐러리맨들의 뒤를 가리킨다.)

김 대리: (비즈니스 코치 옆에 앉으며) 그것이 인기가 있는 거지요. 아마 그들도 저와 같은 마음으로 코치님을 만나러 오는 것이 아닌가 하는 생각이 듭니다.

비즈니스 코치: 김 대리님과 같은 마음이라구요? 그럼 김 대리께도 뭔가 문제 혹은 해결할 과제가 있는 것인가요? 좋아 보이는데…….

김 대리: 좋습니다. 코치님의 이야기대로 영업이 무엇이고, 고객이 기다리는 영업사원이 되는 것이 얼마나 가치 있는 것인가를 알게 되었으니까요. 그리고 그러한 영업을 하는 영업사원이 되려고 노력하고 있습니다. (김 대리는 여기에 오면서 떠올렸던 과거의 경험을 설명한다.) 어떻게 하면 고객들의 의사결정에 저의 제안이 가치 있는 것으로 받아들여지고 우선순위를 차지할 수 있을까요?

비즈니스 코치: (놀라며) 그래요? 오늘은 김 대리가 중요한 문제를 가지고 왔군요. 고객의 의사결정 과정에서 중요한 위치를 차지하고 싶다! 영업을 하는 입장에서는 매우 신경 쓰이는 부분이지요. 한 가지 물어보지요. 김 대리의 고객은 누구입니까?

김 대리: 누구라니요? 대부분 기업의 총무부 또는 구매담당자들입니다. 그들이 제 고객이지요.

비즈니스 코치: 그래요? 그럼 그들은 누구를 위해 구매를 하나요?

김 대리: 그것은 당연히 회사를 위해서지요. 특히 직원들을 대

신해 구매를 하는 것이니까요.

비즈니스 코치: 그들은 자신을 위해서는 구매를 하지 않는다는 말이군요. 즉 그들은 현업 부서에서 발생하는 업무상의 문제, 또는 개선해야 하는 업무, 업무 성과 향상을 위해 필요한 자원 등을 현업부서의 요청에 따라 구매를 하는 것이지요. 그럼 그들의 구매의사결정 과정은 어떻습니까?

김 대리: 고객들의 구매의사결정 과정이라고요? 저는 그것에 대해선 한 번도 생각해 보지 않았는데요. 그것이 영업에 영향을 미칠 만큼 중요한 것인가요?

비즈니스 코치: 중요하지요. 먼저 고객부터 정의를 내려 봅시다. 김 대리는 자신의 고객이 기업의 총무부나 구매 담당자라고 하면서 그들이 회사와 직원들을 위해 구매를 한다고 하였는데 그럼 김 대리의 고객은 구매상담을 하는 실무자로서 최종 의사결정을 하지 않는다는 것은 알고 있겠군요?

김 대리: 그렇지요. 그들은 실무자이죠. 진짜 의사결정은 다른 누군가가…….

비즈니스 코치: 그렇지요. 의사결정 과정과 개입되는 사람들이 개인 고객과는 다릅니다. 그러한 고객을 기업고객이라고 하지요. 기업고객은 어떠한 물건을 구입하든 일정한 형태의 구매 결정 과정이 있습니다.

김 대리: 그것이 실무자가 저와 상담을 하고 상사에게 보고를 하고 그들의 지시를 받고 결정하는 것을 의미하는 것입니까?

비즈니스 코치: 그렇지요. 그것이 구매의사결정 과정이지요. 개
　인이 자신에게 필요한 물건을 구입할 때와 같이 기업도 일
　정한 흐름의 구매의사결정 과정이 있지요. 특히 기업의 구매
　는 거래 규모가 개인 구매와는 비교가 되지 않을 만큼 크고,
　오래 걸리며 또한 한번 비즈니스를 하면 오래가지요. 그렇지
　않나요?

김 대리: 그렇습니다. 그럼 어떻게 해야 합니까?

비즈니스 코치: 하나씩 알아봅시다. 먼저 기업의 구매의사결정
　과정부터 알아보도록 합시다. (하면서 비즈니스 코치는 가방에서
　종이를 꺼내 그림을 그린다.)

1 문제인식	2 해결방안 수집	3 해결방안 검토	4 해결안 평가, 결정	5 해결책 도입	6 수정, 보완

이 그림이 기업 고객이 하는 구매의사결정 프로세스입니다.
그들이 단순하게 비즈니스를 하는 것이 아님을 알 수 있죠.
김 대리가 인정을 하든, 하지 않든 김 대리와 비즈니스를 하
는 고객들은 이러한 과정을 거쳐서 일을 하는 것이지요. 물론
김 대리가 비즈니스 거래를 실패한 고객들도 이런 프로세스
를 거칩니다. 단, 그들에게는 김 대리의 제안이 해결방안 검
토에서 중요도가 떨어진 것이지만…….

김 대리: 그렇군요! 그럼 오늘 제가 실패한 이유는 무엇인가요? 이 프로세스에서는 원인을 찾을 수 없을 것 같은데…….

비즈니스 코치: 아니죠. 김 대리가 만난 담당자는 이 프로세스의 두 번째 단계를 실시하려 하였죠. 그런데 사장이라는 사람이 혼자만의 결정으로 이 프로세스를 무시한 것입니다. 그 담당자도 어쩔 수 없는 일이지요. 하지만 그러한 상황에서도 승리할 수 있는 방법은 있습니다.

김 대리: 그 방법이 무엇입니까?

비즈니스 코치: 그 방법을 알기 전에 이 프로세스를 이해하고 영업에 활용할 수 있는 것이 더 필요합니다.

김 대리: 왜 그렇습니까?

비즈니스 코치: 그것은 각 단계를 알고 그 단계에 맞는 영업상담을 해야 할 겁니다. 그리고 이 프로세스를 알아야 지금 상담이 어디에 와 있는지를 알고, 각 단계에 맞는 전략을 어떻게 세워야 할지를 알 수 있기 때문이지요.

김 대리: 그렇군요.

비즈니스 코치: 그리고 또 한 가지 영업을 하는 입장에서 고려할 중요한 것은 고객이 이 프로세스를 활용하는 데는 두 가지 상황이 있습니다.

김 대리: 두 가지 상황이라뇨? 무엇입니까?

비즈니스 코치: 하나는 고객이 스스로 이 프로세스를 가동하는 것이고, 다른 하나는 영업사원이 이 프로세스를 가동하게 만

드는 것이지요.

김 대리: 고객이 스스로 이 프로세스를 가동하는 것은 이해가 되는데, 저 같은 영업사원이 이 프로세스를 가동하게 만든다고요? 어떻게 그럴 수 있습니까?

비즈니스 코치: 우선 김 대리가 이 프로세스를 이해할 수 있는지 궁금하군요?

김 대리: 예. 알 것 같습니다. 문제인식은 고객이 문제를 알고 있다는 것이고, 그러면 그다음으로 해결방법을 수집할 것이고, 그다음은 해결방법들 중 가장 적절한 것을 결정하고 구매를 하며, 사후관리를 요청하는 것이 아닌가요?

비즈니스 코치: 맞습니다. 잘 알고 계시는군요. 그럼 김 대리는 영업을 할 때 주로 어느 단계부터 개입하는 것 같습니까?

김 대리: 글쎄요? 솔직히 잘 모르겠습니다.

비즈니스 코치: 그럼 이 프로세스와 영업 활동을 같이 생각해 보도록 합시다. 그럼 이제까지 김 대리가 어느 단계에서 영업을 시작하는지, 앞으로는 어느 단계부터 개입을 하는 것이 좋을지를 알 수 있을 테니까요.

비즈니스 코치는 또 다른 종이 위에 다음과 같은 그림을 그린다.

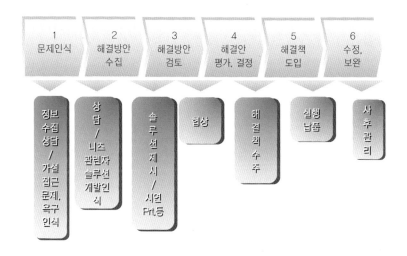

비즈니스 코치: (그림을 김 대리에게 보여 주며) 이 그림도 이해할 수 있겠죠?

김 대리: 이건 고객의 구매의사결정과 영업 활동을 연계시킨 것 아닙니까?

비즈니스 코치: 맞습니다. 그럼 김 대리는 이 그림을 보고 영업 사원이 어떤 영업활동을 해야 하고 언제 어떻게 고객의 구매 결정 과정에 개입을 하는 것이 좋을지 알 수 있겠습니까?

김 대리: 그림에 의하면 고객이 해결방안을 검토하고 평가할 때인 것 같은데요?

비즈니스 코치: 그림에는 그렇죠. 하지만 그것은 다른 의미입니다. 그것에 대해서는 나중에 알아볼 것입니다. 중요한 것은 이 그림에 나타난 것과 같이 고객의 구매 결정 단계와 영업

의 접근 단계가 적절하게 조화를 이뤄야 한다는 것이지요.

김 대리: 어떻게 조화를 이룰 수 있습니까? 이건 고객의 내부적인 프로세스인데, 그렇다고 고객들이 말을 해 주는 것도 아니고…….

비즈니스 코치: 고객이 말하지는 않지만 우리는 알고 있어야 합니다. 자! 그럼 자세한 이야기를 해 봅시다. 먼저 고객은 자신의 문제를 인식합니다. 그런데 여기서 또 한 가지 중요한 것은, 고객이 자신의 문제를 모르고 있는 경우와 알고 있더라도 해결하려는 의지가 거의 없거나 약할 경우입니다. 어쨌든 고객이 자신의 문제를 알고 그것을 해결하려고 한다면 해결방안을 찾을 것입니다. 이때 해결방안이 고객조직의 외부에 있을 때만 김 대리와 같은 영업사원을 찾지요. 그렇지 않습니까?

김 대리: 그렇습니다.

비즈니스 코치: 그럼 그 고객은 한 사람 또는 한 업체에만 연락을 할까요? 제안서 제출을 요구하거나 상담 요청을…….

김 대리: 아마도 아닐 것입니다. 여러 군데 요구하겠죠. 그래야 경쟁이 되고 가격 등의 거래 조건을 자신들에게 유리하게 할 수 있으니까요.

비즈니스 코치: 맞습니다. 그래서 영업사원들이 큰 기대를 갖고 상담을 하지만 결과는 엉뚱하게 나오지요. 내가 이 프로세스를 보여 주는 이유 중 가장 중요한 것은 가급적 고객의 문제

인식 단계부터 영업활동이 시작되어야 한다는 것이지요. 특
히 고객이 자신의 문제를 모르거나 알고 있더라도 그 해결방
법을 모르고 있을 때 영업활동을 시작할 수도 있지요. 물론
고객이 자신의 문제를 알고 있지만 해결을 위한 행동을 하지
않을 때도 중요합니다. 제대로 된 영업활동을 위해서 영업사
원들은 고객에 대한 정보, 고객이 속한 산업의 정보, 고객의
고객에 대한 정보를 통해 가설을 수립합니다. 수립한 가설을
확인하기 위해 고객과 상담을 하는 것이고, 상담을 하면서
영업사원의 가설을 고객의 해결해야 하는 문제 또는 채워야
하는 욕구로 고객이 인식하게 만들어야 합니다. 그래야 고객
이 김 대리의 해결안에 관심을 가질 것이니까요. 어쨌든 고
객이 김 대리의 경쟁사에 도움을 요청하기 전에 김 대리로부
터 먼저 해결방법을 얻어 내야 한다는 마음이 들도록 하는
것이 중요합니다. 고객이 자신의 문제를 알고 있고 해결방법
을 찾을 경우(이때에는 고객이 구매처를 거의 결정해 놓은 상태에서
영업사원과 접촉을 하기 때문에 고객의 결정을 돌리기가 어렵다. 불가
능한 것은 아니지만.)보다 고객이 문제를 모르거나 해결에 소극
적일 때 그 고객으로 하여금 문제를 인식하도록 하고 해결에
대한 강한 욕구를 갖도록 하는 것이 중요합니다. 고객이 김
대리와 상담을 통해서 문제를 알게 되거나 해결 후의 바람직
한 모습을 인식한다면 그 이후의 단계에서 고객은 김 대리를
찾게 되고 김 대리의 해결안을 비중 있게 다룰 것입니다.

김 대리: 고객이 문제를 인식하도록 하는 방법은 어떤 것이 있습니까?

비즈니스 코치: 그 방법은 정보를 수집하고 그 정보를 통해 가설을 수립한 후 가설을 검증하는 것이지요. 또 하나 중요한 것은 고객이 문제를 인식하더라도 그 문제를 잘못 인식하고 있을 수도 있습니다. 그래서 초기단계의 상담능력이 중요합니다. 고객은 간단한 문제로 인식한 것이 의외로 큰 문제가 되어 큰 비즈니스 기회가 되는 경우도 있습니다. 또한 고객과 상담을 하는 내용이 각 구매단계에 맞아야 한다는 것이 중요합니다. 그것이 영업 상담 전략이라고 볼 수 있지요.

김 대리: 고객과 단순하게 비즈니스가 일어나는 것이 아니군요!

비즈니스 코치: 그렇지요. 그래서 영업 업무에 도전적이고 창의적인 노력이 필요한 것이지요

김 대리: 그리고 영업을 하면서 고려하고 준비해야 할 것이 많은 것처럼 느껴집니다. 단순하게 고객을 방문해서는 안 될 것 같습니다.

비즈니스 코치: 그렇지요. 단계 단계마다 철저한 준비와 올바른 방법으로 접근을 해야 할 것입니다. 다시 한 번 강조하지만 고객의 구매의사결정 단계의 초기에 개입할수록 영업의 기회는 김 대리에게 유리하게 작용할 겁니다.

김 대리: 각 단계에 맞는 올바른 접근 단계는 어떤 것들이 있습니까?

비즈니스 코치: 그 방법에 대해서는 하나씩 알아보도록 할 것
이니까 너무 서두르지 마십시오. 우선 김 대리는 이 프로세
스를 이해하고 있어야 합니다. 자! 지난번에 김 대리가 경험
한 것을 생각해 봅시다. 김 대리는 무엇이 문제라고 생각합
니까?

김 대리: 글쎄요! 아마도 그 기업의 사장의 존재 또는 사장의
힘을 몰랐던 것이 문제가 아닐까요? 제게나 그 실무자 모두
에게…….

비즈니스 코치: 정답입니다. 기업고객을 대할 때 김 대리가 고
려해야 할 또 하나의 중요한 부분은 구매의사결정 과정에
개입을 하는 다양한 사람들이 있고 그들의 역할이 모두 다
르다는 것이지요. 그것에 대해선 다음에 만나 이야기하도록
합시다. 김 대리는 지금까지 영업을 하면서 어느 단계에 고
객들과 만났는지를 생각해 보세요. 그리고 그 단계를 앞당기
기 위해 노력해 보십시오. 자, 그럼 나는 약속이 있어서…….

비즈니스 코치는 자리에서 일어나 힘찬 걸음으로 공원을
빠져나간다. 김 대리는 혼자 앉아서 비즈니스 코치의 말을
생각해 본다. "고객의 구매의사결정 단계 중 가급적 초기에
개입을 하라. 고객이 자신의 문제를 나와 함께 알도록 하라.
정보를 활용하고 가설을 수립하라. 그리고 이제까지 영업은
어느 단계였는가?"

"맞아. 이제까지는 고객의 요청에 의해 상담을 하였고, 고객의 요청이 없을 때는 그냥 방문을 해 카탈로그와 명함을 주고 오거나 가벼운 이야기를 하는 수준이었어! 그러니 고객이 귀찮아하는 것도 당연하지! 이제야 뭔가가 조금 보이기 시작하는 것 같군. 비즈니스 코치를 왜 지금에서야 만났지! 좀 더 일찍 만났으면 좋았을 텐데……."

김 대리는 영업에서 자신이 인정받을 수 있을 것이라는 확신이 들기 시작한다. 빨리 시간이 지나 비즈니스 코치와 이야기할 기회를 갖기를 바라면서 김 대리도 자리에서 일어나 사무실로 향한다.

달인 비법 2_ 구매
관계자의 역할을 파악하라

제4장 달인 비법2_ 구매 관계자의
역할을 파악하라

김 대리는 자신에게 일에 대한 흥미가 생기는 것을 느끼
고는 흥분에 싸였다. 이제까지 영업을 하면서 이렇게
일에 대한 흥미를 느낀 경우는 처음이었다. 비즈니스 코치의
말대로 기업 구매 고객들이 단순한 의사결정 과정을 거치지
않는다는 것을 지난 며칠간 고객을 만나면서 알게 되었다.
따라서 자신이 고객을 방문할 때 지금과는 다른 철저한 준비
를 하여야 한다는 것도……. 그리고 준비된 만큼 상담의 내
용도 좋아진다는 것을…….

"하지만 그렇게 기업 고객의 구매과정이 복잡하다면 각 과
정에 관련이 있는 사람들은 누구이고 그들을 어떻게 공략해
야 하지?"

"그들 모두를 내가 다 만나서 상담과 설득을 해야 하는가?"

"만일 그 상담자가 최고경영자이거나 나보다 한참 높은 직

위의 사람이라면 어떻게 그들을 설득할 수 있을까?" 등등에 대한 궁금증이 생겼다. 궁금증은 그것에 대한 해답을 알고 있는 사람을 기다린다. 김 대리 역시 이번 주에는 비즈니스 코치를 만나는 날을 조바심 내며 기다린다.

오늘도 김 대리는 공원에 일찍 나가서 그 비즈니스 코치를 기다린다. 오늘따라 비즈니스 코치는 예정 시간에 공원에 나타나지 않는다. 김 대리는 시계를 보거나 공원 입구를 쳐다보면서 비즈니스 코치의 모습이 나타나기를 초조한 마음으로 기다린다. "내가 왜 이렇게 초조해하는 거지? 왜 비즈니스 코치를 만나려고 조바심을 내는 거지? 불과 얼마 전에 알게 되었는데……. 맞아! 그 사람이 내가 궁금한 것에 대한 답을 주기 때문이야! 그 코치와의 대화를 통해서 내가 지금과는 다른 영업맨이 될 수 있을 것이라는 기대 때문이야! 그래서 내가 그 코치를 기다리고 있군! 흥미로운 현상이야! 만일 내가 만나는 고객들이 나에 대해 이러한 마음을 갖는다면 나의 가치는 올라갈 것이고 상담도 올바르게 진행될 것이고, 아울러 영업 성과도 좋아지겠지! 이것이 또 하나의 비밀이군. 고객이 찾는 답을 갖고 있고, 그것을 고객이 알도록 하고 확신을 주면 고객들도 나를 기다리겠지!" 김 대리는 새롭게 알게 된 사실에 자신도 모르게 입가에 미소가 번진다.

비즈니스 코치: 뭐 좋은 일이 있습니까?(하면서 김 대리 옆에 앉는다.)

김 대리: (반갑게 인사를 하며) 예! 오셨습니까! 코치님을 기다리면서 하나의 답을 알게 되어서……. (하면서 김 대리는 자신이 깨달은 내용을 이야기한다. 비즈니스 코치는 김 대리를 흐뭇한 표정으로 바라보며 김 대리의 말에 흥미를 보인다. 마치 자신의 말을 김 대리가 알아차리고 그 말을 하는 것처럼…….)

비즈니스 코치: 핵심을 파악하였군요. 그 이야기에 맞는 자신을 만들어 보시기 바랍니다. 기업 고객의 구매의사결정 과정에 대해선 김 대리의 영업 스타일과 비교를 해 보았습니까?

김 대리: 예! 상담을 하기 전 준비가 부족했다는 것을 깨달았습니다. 그래서 각 단계를 성공적으로 수행하는 기술이 궁금해졌습니다. 지난번에 답을 주시지 않은 것을 묻고 싶습니다.

비즈니스 코치: 구매의사결정 과정에 개입하는 사람들과 그 사람들의 역할 그리고 그들의 관심사겠죠?

김 대리: 맞습니다. 그래야 좀 더 제대로 준비를 할 수 있을 것 아닙니까?

비즈니스 코치: 그렇지요. 자! 지난번 김 대리가 영업에 실패를 한 경우를 되돌아볼까요? 물론 김 대리는 생각하고 싶지 않겠지만……. 그때 그 기업의 최고경영자와 김 대리와 상담한 그 담당자의 역할을 생각해 봅시다. 김 대리는 어떻게 생각합니까?

김 대리: 예, 저와 상담을 한 사람은 구매 실무자이고 최고경영자는 최종 의사결정권자라고 생각합니다.

비즈니스 코치: 맞습니다. 그럼 만일 사전에 그 사실을 알고 그
구매 실무자의 전화를 받고 상담을 하기 전 그 기업의 최고
경영자를 알아내고 김 대리 회사의 최고경영자와 관계를 맺
어 주었다면? 혹은 이미 두 사람이 알고 있는 관계라면 결
과는 어떻게 되었을까요?

김 대리: 그러면 제가 계약을 할 수 있었겠지요. 그런데 현실
적으로 그것이 가능할까요?

비즈니스 코치: 그럼, 그 계약을 놓친 다음날 김 대리 회사의
사장님이 영업부에 와서 '그 기업과의 계약 실패내용을 알
고서 왜 사전에 자신에게 말하지 않았느냐? 내가 그 기업의
최고경영자와 잘 알고 지내는 사이인데⋯⋯'라고 묻는다면
어떻게 대답을 하겠습니까?

김 대리: 글쎄요⋯⋯아마도⋯⋯.

비즈니스 코치: 그래서 내가 기업 고객의 구매의사결정 과정을
강조하는 것이고 각 단계마다 개입되는 사람들과 그들의 역할
에 대해 이야기하는 것입니다. 자, 내가 이야기 하나를 해 드
리지요. 아마도 김 대리의 입장과 비슷하리라 생각을 합니다.
잘 듣고 무엇이 문제이고 잘못 되었는지를 생각해 보십시오.

당신은 노트북을 판매하는 ㈜다잘해社의 영업사원이다. 최근에 당신 회사에서는 휴대가 간편하고 다양한 기능을 갖추고 성능이 우수한 영업사원용 노트북을 새로이 개발하였다. 당신은 어제 ㈜미래의 총무과 김무진 대리로부터 영업사원용 노트북을 구매하고자 한다는 전화를 받고 오늘 오후 상담을 하기로 하였다. 평소와 같이 당신은 상품 카탈로그와 기타 계약에 필요한 서류를 갖추고 계약을 받을 것이라는 기대감으로 즐겁게 김무진 대리를 방문하였다. 당신이 상품설명을 한참 하는데 갑자기 김무진 대리가 "잠깐만 이 상품을 직접 사용하는 영업부 직원들의 말을 들어야 합니다. 영업부의 ○○○을 불러올 테니까 기다려 주십시오." 하면서 상담장소를 떠난다.

잠시 후 김무진 대리는 영업부 나잘해 대리를 동행하고 들어온다. 당신은 인사를 하고 또다시 상품설명을 하는데 나잘해 대리가 끼어든다. "이건 나보다 전산실의 직원들에게 확인을 해야 할 것 같은데요. 나는 컴퓨터와 사내 정보시스템에 대해선 잘 몰라서……." 그러자 김무진 대리는 다시 자리를 비운다. 잠시 후 김무진 대리와 동행한 전산실 이철저 직원은 당신이 잘 모르는 기술적인 질문을 당신에게 한다. 당신은 당황하면서 겨우 설명을 마치고 잘 모르는 부분에 대해선 당신 회사의 전문가에게 물어봐서 내일 답을 서류로 전달하기로 하고 상담을 마쳤다.

다음날 당신은 약속한 자료를 정리해서 이메일로 발송을 하고 김무진 대리에게 전화를 했다. 김무진 대리는 "어제 좋은 상담을 했습니다. 그리고 보내 주신 자료도 잘 받았습니다. 그런데 우리 회사 영업본부장님께서 ○○○한 부분도 가능하냐고 물어보십니다. 본부장님은 이 부분이 매우 중요하다고 하십니다."라는 말을 한다. 당신은 이제껏 이러한 질문을 받아 본 경험이 없다. 그래서 다시 확인을 해서 알려 주겠다고 하였다. 당신은 급히 영업부의 다른 직원들에게 답을 요구했지만 시원한 답이 나오지 않는다.

이틀이 지나 당신은 상사인 영업부장을 통해 답을 알아내고 김무진 대리에게 전화를 한다. 그때 김무진 대리는 이번 상담에 적극적으로 응해 줘서 감사하다며, 이번 건은 당신 회사의 경쟁사이며 영업본부장의 친구 회사인 ㈜몰라社와 계약을 하기로 하였다. 미안하지만 다음에 기회를 보자고 한다. 당신은 전화통화를 마치고 멍하니 앉아서 왜 이러한 결과가 나왔는지 곰곰이 생각을 해 본다.

김 대리가 이 이야기의 주인공이라면 무엇이 문제라고 생각합니까?

김 대리: 첫째는 상품의 성능에 대해 잘 몰랐다는 것이고, 둘째는 영업본부장을 만나지 못한 것, 셋째는 질문에 대한 답을 빨리 하지 못한 것이 아닐까요?

비즈니스 코치: 맞습니다. 그럼 제가 물어보죠. 이야기의 영업 상황에서 김무진 대리, 나잘해 대리, 이철저 직원, 그리고 영업본부장의 역할은 어떤 것이라 생각합니까?

김 대리: 음…… 김무진 대리는 구매 실무자 같고, 영업본부장은 의사결정권자, 그리고 나잘해 대리는 노트북을 사용할 사람, 그리고 이철저 직원은…….

비즈니스 코치: 잘 알고 있군요. 이 모든 사람들이 영업 상황에서 중요한 역할을 합니다. 이철저 직원은 조언자 역할을 합니다. 만일 그 영업사원이 상담 준비를 철저히 해서 이철저 직원의 궁금한 부분을 만족시켰고 자신이 판매하는 노트북의 가치를 확실히 알려 업무에 도움이 될 것 같다는 긍정적인 반응을 끌어내고, 그래서 김무진 대리가 그 노트북에 대한 확신을 갖게 되고 영업본부장의 의문도 재빨리 해결해 주었다면 어떻게 되었을까요?

김 대리: 그래도 영업본부장이 힘을 갖고 있는데…….

비즈니스 코치: 김무진 대리가 그 노트북에 확신이 있었다면 오히려 영업본부장을 설득하거나, 또는 공개 프리젠테이션

을 갖도록 하는 것도 가능하겠죠?

김 대리: 그럴 수도 있겠네요.

비즈니스 코치: 또 나잘해 대리는 어떤 사람인가요? 바로 제품을 사용해 업무상의 문제를 해결하거나 성과를 올려야 하는 사용자이지요. 사용자 또한 기업영업에서는 매우 중요한 역할을 합니다. 그들이 적극적으로 그 노트북에 호감을 갖는다면 구매를 하는 김무진 대리에게 어느 정도의 영향력을 미칠 수 있을 것입니다.

또 기억해야 하는 중요한 사실인데, 의사결정권자, 조언자, 사용자, 구매 실무자의 욕구 또는 니즈는 같을까요?

김 대리: 같지 않습니까? 좋은 가격과 품질, 거래조건 등등…….

비즈니스 코치: 그렇게 생각들을 하지요. 다음 표를 봅시다.(비즈니스 코치는 가방에서 종이를 꺼낸다. 그 종이에는 다음의 내용이 있었다.)

구매 역할자	역할	관심사항	특기사항
경제적 구매 역할자	구매에 대한 최종결정	가격대비 성능 기업수익에 영향	이 투자를 통해 무엇을 얻을 수 있는가?
사용자 (실 수요자)	업무성능에 끼치는 영향을 판정(다수, 평가 위원회 등)	제품, 서비스의 실 사용 및 감독 제품, 서비스 성공 시 자신의 성공과 직결	이것이 나에게 어떻게 도움을 줄 것인가?
기술적 구매 역할자, 조언자	적격심사 제안서에 대한 기술적 심사 수문장 역할	제품 혹은 서비스 그 자체, 기술적 우수성. 우위성. 차별화 포인트	이것이 기술적으로 어떻게 도움을 주고 문제를 잘 해결할 것인가?

구매 역할자	역할	관심사항	특기사항
실제 구매 역할자	해당구매에 대한 전반적인 가이드 다양한 정보와 사례제공 구매 영향자 상황 돌파구에 대한 정보제공 및 해석	해당구매에서 자신의 성공과 보상	이것이 나에게 어떤 이해관계로 영향을 주는가?

어때요? 각 역할에 따라 관심사항이 다릅니다. 물론 니즈와 해결해야 하는 문제도 다르죠. 그리고 그들 간의 관계에 따라 각 역할의 비중이 다릅니다. 즉 조언자와 구매실무자의 관계가 어떠한가에 따라서 조언자의 조언이 가지는 가치가 다를 것입니다. 문제는 이렇게 다양한 구매 관계자들을 파악하고 그들의 관심사를 알아야 한다는 것이지요. 그래야 영업을 하는 입장에서 그들을 공략하는 방법과 회사 내 다른 사람들을 동원하는 팀 영업을 펼칠 수 있을 겁니다.

김 대리: 팀 영업이라는 것은 고객기업의 구매 관계자들을 공략하는 데 내가 몸담고 있는 회사의 다른 사람들을(동료, 상사, 엔지니어, 최고경영자 등) 활용해야 한다는 말씀인가요?

비즈니스 코치: 그렇지요. 그들의 지원과 협력을 얻어 내는 능력도 영업사원에게 매우 중요합니다. 또 하나의 그림을 볼까요?

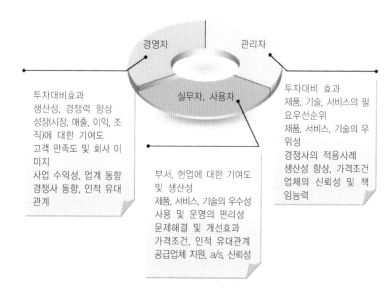

경영자   관리자

실무자, 사용자

투자대비효과
생산성, 경쟁력 향상
성장(시장, 매출, 이익, 조
직)에 대한 기여도
고객 만족도 및 회사 이
미지
사업 수익성, 업계 동향
경쟁사 동향, 인적 유대
관계

부서, 현업에 대한 기여도
및 생산성
제품, 서비스, 기술의 우수성
사용 및 운영의 편리성
문제해결 및 개선효과
가격조건, 인적 유대관계
공급업체 지원, a/s, 신뢰성

투자대비 효과
제품, 기술, 서비스의 필
요우선순위
제품, 서비스, 기술의 우
위성
경쟁사의 적용사례
생산성 향상, 가격조건
업체의 신뢰성 및 책
임능력

일반적으로 기업 내에서의 역할에 따라 관심들이 다릅니다. 영업을 하는 입장에서는 항상 실무자만 만나는 것이 아니고 실무자의 상사 또는 최고경영자를 만날 수도 있지요. 따라서 각 역할에 따라 적절한 단어와 설득방법들이 다르죠.

김 대리: 그렇군요. 구매 과정에 참여하는 사람들이 누구이고 그들의 역할은 무엇이며, 개인적인 관심사는 무엇인가를 알아내야 한다. 그리고 그들 각자를 설득하여야 한다. 그래서 때로는 우리 회사의 사람들을 동원할 수 있어야 한다는 것입니까?

비즈니스 코치: (깜짝 놀라며) 맞습니다. 그렇게 보면 영업이라는

업무가 흥미 있는 도전이며 자신의 준비와 노력 여하에 따라서 결과를 만들어 낼 수 있는 일이라고 생각하지 않습니까? 그래서 내가 개인적으로 영업을 좋아하는 것이지만…….

김 대리: 그렇군요. 비즈니스라는 것이 그냥 일어나는 것이 아니군요. 특히 기업영업에 있어서는……. 저도 영업 업무를 싫어하는 것은 아니지만 앞으로 좋아하게 될 것 같군요. 그런데 그 구매 관계자들을 알아내는 것은 쉬워 보이는데 그들의 관심사항과 욕구는 어떻게 알아냅니까?

비즈니스 코치: 고객기업의 구매 관계자를 알아내는 것이 B2B 영업의 중요한 핵심 중 하나입니다. 영업을 하는 사람은 고객을 방문할 때 단순한 방문에 의미를 두어서는 안 됩니다. 영업사원의 모든 방문은 반드시 목적을 갖고 있어야 합니다. 기존 고객을 관리하는 차원의 방문에도 목적을 두어야 하지요. 하물며 새로운 거래처를 발굴하는 영업 활동은 반드시 방문의 목적을 명확하게 가져야 합니다. 그 목적에 고객의 구매 관계자를 파악하는 것을 포함시켜야 하겠지요. 그리고 파악한 정보는 잘 분석해서 다음 방문의 목적 수립에 활용할 수 있어야 할 것입니다.

김 대리: 예! 이해가 되는군요. 제가 만나는 고객들도 가끔씩은 현장의 직원 또는 다른 부서에 조언을 구하는 것을 보았습니다.

비즈니스 코치: 그렇지요. 김 대리가 만나는 구매부서 담당자는 회사의 다른 부서와 직원들의 요청에 의해 구매업무를

대행하고 있는 것이지요. 그렇다고 구매부서를 소홀하게 대해서는 절대로 안 됩니다. 김 대리의 최종적인 창구는 구매부이니까요. 여기서 중요한 또 하나의 사실은 구매부서가 구매하는 것은 대부분 투자가 아니고 비용이라는 것입니다.

김 대리: 비용이라구요?

비즈니스 코치: 그렇지요. 구매부서가 미래를 내다보고 현재는 필요 없는 사무용품이나 자재를 구매하는 경우는 아주 드문 일이지요. 현장과 현업부서의 업무문제가 회사의 성과에 부정적인 영향을 미쳐 그 결과 해결해야 하는 업무상의 문제가 있을 때, 현업부서에서 나름대로 정보를 파악해 어떤 제품이 필요한지를 결정하고 내부 의사결정 과정을 거쳐 구매의 필요성이 결정된 후 구매부서로 업무가 주어지는 것이지요. 따라서 구매부서가 현업부서에 필요하지도 않은 것을 미리 구매하는 경우는 거의 없다는 것입니다. 이것이 시사하는 바는 1) 구매부서의 구매가 비용이기 때문에 비용을 쓰는 데 아주 신중하고 철저하다는 점이지요. 이것이 영업을 하는 사람들이 힘들어하는 이유입니다. 사전에 충분한 조사와 내부 구매 조건을 결정한 후 구매부서가 움직인다는 것을 기억하십시오. 그러므로 구매부서에만 영업활동을 집중해서는 안 되겠지요? 2) 구매부서는 구매조건을 제일 중요하게 여깁니다. 고객과 구매 조건을 협의하는 것은 영업이 아니고 협상입니다. 따라서 고객사의 현업부서에는 영업을 하는 것이고,

구매부서와는 협상을 하는 것이지요. 구매부서를 대상으로 영업하는 것은 정보를 제공하고 그 정보를 현업부서에 전달하게 하거나 자사가 해결하는 문제와 자사와의 거래를 통해 고객사가 얻는 이익을 설득해 현업부서를 만나거나 소개받는 것이지요. 이러한 과정 없이 구매담당자나 구매부서에서 주도적으로 구매업무를 수행(협상진행)하는 경우도 있습니다. 이 경우는 고객기업의 경영목표와 전략 수행을 위해 사전에 계획된 구매입니다. 이 외에 구매부서의 도움을 받아 현업부서를 만나거나, 현업부서에 영업사원을 소개하도록 하기 위해서는 인간적인 신뢰를 쌓아야 하는 것은 기본이지요. 물론 이것을 위해 영업사원은 구매부 담당자를 자주 만나고, 관심이 있는 정보(문제해결, 타 기업의 이익 등)를 제공하면서 비즈니스 전문가라는 것을 보여주어 인간적인 신뢰를 쌓아야 하겠지요.

김 대리: 그렇군요. 이제 영업활동의 길이 보이는 것 같습니다. 그런데 그렇게 다양한 구매 관계자들의 니즈 또는 관심사를 어떻게 파악해야 합니까?

비즈니스 코치: 예! 그 질문이 나올 줄 알았습니다. 그것들을 영업에서는 고객의 니즈라고 부르지요. 그것에 대해선 다음에 알아봅시다. 다음에 올 때에는 메모할 준비를 해 오십시오. 다소 내용이 복잡하고 많습니다. 어쩌면 영업에 있어 가장 핵심적이면서도 어려운 단계이니까요. 김 대리는 이제 기

업고객을 대상으로 영업을 하면서 구매의사결정 관여자들의 가치와 중요성을 알게 되었습니다. 그리고 그 구매 관계자들이 가진 관심사항이 각기 다르다는 것과 그 관심사항을 만족시켜 주어야 한다는 것도 잘 알게 되었을 것입니다. 따라서 다음에 만날 때까지 좀 더 전략적으로 접근을 시도해 보시기 바랍니다.

김 대리: 알겠습니다. 그런데 왜 일주일에 한 번만 만나야 되나요? 좀 더 자주 만나서 이야기를 듣고 싶은데…….

비즈니스 코치: 김 대리의 마음은 이해합니다. 그것은 어쩌면 새로운 지식을 자신의 것으로 만들기 위한 연습/실습의 최소 단위입니다. 김 대리도 일주일간 열심히 활용을 하여야 할 것입니다. 자! 그럼 다음에 만나지요.

김 대리는 비즈니스 코치와 헤어져 사무실에 도착한다. 그때 김 대리를 찾는 전화가 온다. 며칠 전 김 대리가 처음 인사를 하고 상담을 한 기업의 구매담당 이상기 과장이다. 이상기 과장은 지난번 상담이 아주 유익했다고 하면서 보다 적극적인 검토를 위해 내일 자신의 상사인 조상대 이사와 미팅을 할 필요가 있다고 하면서 준비를 해서 방문해 달라고 요청을 한다. 김 대리는 즐거운 마음과 기대감으로 준비를 한다. 그때 오늘 비즈니스 코치와 나눈 대화 내용이 떠오른다. 직위와 위치에 따라 구매에 대한 관심사가 다르다. 지난번 이상기 과장과는 성공적인 상담이었는데 내일 조상대 이사와 상담을 주선하였다. 아마도 이상기 과장은 김 대리의 상품에 관심이 있는 듯하다. 그렇지 않고서는 상사를 소개해 주는 경우는 거의 없기 때문이다. 이상기 과장의 상사이며 내일 만날 조상대 이사의 역할은 무엇일까? 최종결정권자일 확률이 높다. 그럼 조상대 이사의 관심은? 아마도 투자대비 효과일 것이다.

김 대리는 내일 조상대 이사와의 상담 준비를 철저히 한 후 퇴근을 한다. 다음날 김 대리는 약속된 시간에 이상기 과장을 방문한다. 이상기 과장은 조상대 이사님이 관심이 있다고 하면서 상담을 잘 부탁한다고 한다. 김 대리는 다소 긴장을 하면서 조상대 이사의 방으로 들어간다. 인사를 하고 자리에 앉은 김 대리에게 조상대 이사는 과연 이 제품이 카탈로그에 나온 것과 같은 성과가 있는지 묻는다. 김 대리는 준비해 온 자료를 보여 주면서 "이사님께서 궁금해하시는 것은 당연합니다. 이사님께서 투자대비 효과 - 생산성, 이익 향상 등 - 에 관심을 가지고 검토하시는 것은 당연하다고 생각합니다. 따라서 제가 준비해 온 자료를 보시면 저희의 사무기기로 교체를 한 기업의 교체 전과 후의 사무용품 비용절감과 직원들의 업무 효율 증가에 대한 증거를 확인하실 수 있을 것입니다. 그리고 이 자료는 저의 고객 중 한 분이 제게 보내 주신 감사 편지입니다. 이를 통해 이사님께서도 이번의 결정이 이사님께서 우려하시는 것보다 훨씬 나은 효과를 드릴 수 있을 것입니다."라고 침착하게 설명을 한다.

이 자료를 검토한 조상대 이사는 만족스런 표정을 지으며 이상기 과장을 보면서 "이 정도면 충분할 것 같군. 이 과장, 실무적인 업무는 이 과장과 김 대리가 알아서 처리하세요. 새로운 사무기기가 줄 이익에 기대가 되는군. 그리고 김 대리라고 했죠. 영업을 잘 하시는군요. 어떻게 내가 관심이 있는 자료만 이렇게 준비를 해 올 수 있었죠? 앞으로 좋은 파트너가 되어 주시리라 믿습니다." 하면서 김 대리에게 악수를 청한다. 김 대리는 공손하게, 그리고 즐겁게 악수를 하고 자리에서 일어선다. 그리고 그 회사를 나오는 김 대리의 가방에는 영업맨의 최고의 선물인 계약서가 들어 있다.

김 대리는 오늘의 성공이 비즈니스 코치의 도움 덕분이라고 생각한다. 그에게 빨리 오늘의 기쁨과 코칭에 대한 감사를 전하고 싶은 마음이 든다. 다음 주 비즈니스 코치와의 미팅은 매우 즐거울 것이라는 상상을 하면서…….

달인 비법 3_ 고객의 니즈를 찾아라

제5장 **달인** 비법 3_ 고객의
니즈를 찾아라

오늘 김 대리는 무척 즐거운 마음으로 하루를 시작한다. 오후에 비즈니스 코치와 만나는 날이다. 서둘러 출근을 한 김 대리는 오늘 할 일을 서둘러 마치려고 아침부터 바쁘게 보낸다.

공원에 도착한 김 대리는 멀리 벤치에 앉아 있는 비즈니스 코치를 발견한다. 빠른 걸음으로 비즈니스 코치에게 다가간 김 대리는 서둘러 인사를 하고 비즈니스 코치에게 지난번 계약 성사 건을 이야기한다. 비즈니스 코치는 마치 자신의 일인 것처럼 김 대리의 성과를 축하해 준다. "김 대리가 그런 좋은 성과를 올렸다니 최고의 기쁨이군요. 축하합니다."

김 대리는 비즈니스 코치를 바라보며 말한다. "다 코치님 덕분입니다. 감사합니다. 이제 영업에 대한 길이 조금씩 보이는 것 같습니다. 자신감도 생기는 것 같고요. 뭔가 보상을 해

드리고 싶은데……?"

비즈니스 코치: 보상은 김 대리가 성과를 올린 것으로 충분합
니다. 김 대리의 발전과 성장이 최고의 보상이니까요.

김 대리: 그래도…….

비즈니스 코치: 자! 그 이야기는 그만하고 오늘 우리가 만난 목
적이 있지요?

김 대리: 예! 고객의 문제와 니즈를 발견하는 방법에 대해서…….

비즈니스 코치: 그렇죠! 김 대리는 니즈가 뭐라고 생각하세요?

김 대리: 니즈는 고객이 물건을 구매하는 동기가 아닙니까?

비즈니스 코치: 맞습니다. 그것을 보다 전문적으로 표현하자면
"고객이 가진 해결하고자 하는 문제 또는 채우고자 하는 욕
구"라고 하지요. 그리고 니즈라고 규명을 할 수 있는 것은
고객이 자신의 입으로 '○○○이 필요하다. ○○○이 문제
이고 반드시 해결을 해야 한다.'라고 말을 하는 것이라야 합
니다.

김 대리: 고객이 직접 이야기하는 것이어야 한다고요?

비즈니스 코치: 그렇지요. 일반적으로 영업을 하는 사람들은 자
신이 생각하고 추측한 것을 고객의 문제이고 욕구일 것이라
고 확신을 하죠. 그래서 마치 그것이 고객의 니즈라고 생각
하고 자신이 판매하는 제품을 일방적으로 소개하지요.

김 대리: 다들 그렇게 영업을 하는 것이 아닌가요?

비즈니스 코치: 물론 영업사원이 추측하는 고객의 니즈가 고객의 진짜 니즈와 같을 수 있습니다. 그 가능성이 낮고 다른 위험이 따른다는 것이 문제이지만…….

김 대리: 가능성이 낮다는 것과 위험이 따른다는 것은 어떠한 것인가요?

비즈니스 코치: 가능성이 낮다는 것은 영업사원이 추측한 것이 고객의 니즈가 아닐 가능성이 높다는 것입니다. 왜냐하면 고객들은 자신의 니즈를 분명하게 표현하는 경우가 적기 때문이지요. 대부분 일반적인 이야기들을 할 것입니다. 김 대리는 고객과 상담을 하면서 자신의 추측이 얼마나 고객의 욕구와 문제에 맞는다고 생각합니까?

김 대리: 글쎄요. 맞을 때도 있고, 어떤 경우에는 한참 동안 설명을 하고 있는 도중에 고객이 제 말을 가로막고 다른 것을 물어보기도 합니다.

비즈니스 코치: 왜 그럴까요? 고객들은 김 대리의 설명과 이야기에 관심이 없는 것일까요?

김 대리: …….

비즈니스 코치: 아마도 그럴 것입니다. 앞에서도 우리가 알아본 것과 같이 고객은 자신에게 이익이 되고 가치가 있을 때에만 영업사원의 말을 듣지요. 자신에게 흥미와 관심이 낮은 이야기를 듣지 않습니다. 그런데도 영업사원들은 고객의 그러한 심리를 잘 읽지 못하죠. 그래서 자신이 열심히 설명을

하면 고객들이 구입을 할 것이라고 생각하고, 만일 고객이 거절을 하면 대부분 그 잘못을 고객 탓으로 돌리지요. 그렇지 않습니까? 상담에 실패한 후 어떤 말들을 합니까? 자신의 능력 또는 준비 부족보다는 고객이 왜 자신에게 설득을 당하지 않고, 자신이 설명한 상품의 가치를 모르는가 하면서 고객에게 불만을 표시할 것입니다.

김 대리: (자신이 해 온 그동안의 영업 실패와 그 후 자신의 반응을 생각해 본다.) 그런 것 같습니다. 그렇지만 고객들이 우리 영업사원의 설명을 듣지 않거나 이해를 하지 못하는 것도…….

비즈니스 코치: 어떠한 경우든 고객이 자신의 설명을 이해하지 못하거나 설득을 당하지 않는 것에 대해 고객의 책임으로 돌려서는 안 됩니다. 다시 한 번 강조하지만 고객은 자신에게 반드시 필요하다고 믿으면 어떻게든 그 물건을 구매하려 합니다. 반대로 고객이 그 필요성을 모른다면 어떤 조건에서든 구매를 하지 않습니다. 이것이 고객이 니즈를 찾아내고 고객 입으로 자신의 니즈를 말하도록 해야 하는 첫 번째 이유입니다.

김 대리: 알 것 같습니다. 그래서 늘 니즈, 니즈하고 영업사원들이 이야기하는 것이겠지요. 그리고 영업사원의 추측에 따른 일방적인 설명이 가진 위험성에 대해서는…….

비즈니스 코치: 그것이 니즈를 알아내야 하는 두 번째 이유죠. 영업은 고객과 영업사원이 몸담고 있는 회사와의 거래이지

요. 모든 거래는 조건들이 다릅니다. 어떠한 조건으로 거래를 하느냐가 거래의 가치를 결정합니다. 계약을 했지만 그 장기적인 결과를 봤을 때 회사로서 이익이 크게 남지 않는 비즈니스를 해서는 안 되지요. 그렇지 않습니까?

김 대리: 맞습니다. 그것과 영업사원의 일방적인 설명은 어떤 관련이 있지요?

비즈니스 코치: 아주 중요한 질문입니다. 꽤 긴 이야기가 필요합니다. 주의 깊게 들어 보십시오. 먼저 영업사원 입장에서는 자신이 말을 잘해서 고객을 설득해야겠다는 마음이 앞섭니다. 둘째, 고객은 어지간해서는 자신의 니즈를 스스로 말하지 않습니다. 따라서 영업사원 입장에서 니즈를 말하지 않고 니즈를 모르는 고객과 계약을 하겠다는 생각으로 처음에는 상품의 특징이나 장점을 이야기합니다. 그것에 고객이 반응을 보이지 않으면 서서히 마음이 조급해집니다. 그러면 거래 조건들을 하나씩 이야기하기 시작합니다. 예를 들어 결제 조건이나 배송, AS, 부품제공 등등(회사가 영업사원들에게 준 거래의 조건(가격 -% 할인, -한 혜택을 제공.)들을 이야기하지요. 사실 회사가 이러한 조건을 주는 것은 대부분 협상의 내용들입니다. 영업은 이러한 조건으로 하는 것이 아닙니다. 영업은 상품과 서비스를 자사가 만든 거래조건의 변경 없이 계약을 받아오는 것이지요.)……. 그러자 고객이 한마디 합니다. '그런데 ○○○한 기능이 있습니까? 당신이 설명한 상품 / 서비스가 문제를 해결해 줍니까?'라고.

그러면 영업사원은 그것에 대해 이야기를 합니다. 그 설명을 잘 들은 고객은 한마디 합니다. 그럼 아까 이야기하신 조건들은 다 제공해 주는 것이지요? 그다음 영업사원의 반응은?

김 대리: 대부분 자신이 설득에 성공했다고 생각하고 그렇게 해 주겠다고 하면서 계약을 받지요.

비즈니스 코치: 여기에 중요한 핵심이 있습니다. 첫째는 영업사원이 고객을 설득한 것이 아니고 고객이 자신이 궁금한 것을 묻고 영업사원은 대답을 한 것이지요. 둘째는 만일 영업사원이 처음부터 고객의 니즈를 중심으로 상담을 하였다면 그 많은 거래조건 중 일부는 말하지 않아도 계약을 할 수 있었을 겁니다. 그럼 앞의 예와 지금의 거래 중 어느 것이 회사 입장에서 잘한 계약일까요? 이것이 위험이 있다는 것에 대한 답입니다.

김 대리: 당연히 두 번째이지요.

비즈니스 코치: 그렇죠! 그래서 고객의 니즈를 찾는 것이 중요합니다. 니즈를 찾아낼수록 고객을 설득하기 쉽고, 유리한 조건의 계약이 가능할 겁니다. 이제 니즈의 중요성을 알겠습니까?

김 대리: 알겠습니다. 이제까지는 니즈가 그렇게 중요하다고 생각하지 않았는데……. 니즈가 이렇게 중요한 것이라는 것을 다시 한 번 알게 되었습니다. 그럼 고객의 니즈를 어떻게 찾을 수 있습니까?

비즈니스 코치: 고객의 니즈에 대해선 첫째, 니즈의 종류를 알

아야 합니다. 둘째, 고객이 자신의 니즈를 알고 있을 때, 셋째, 고객이 자신의 니즈를 모를 때 상담을 하는 프로세스가 다릅니다. 그 부분에 대해 하나씩 알아보도록 합시다. 오늘은 이야기가 길어질 것 같은데 김 대리 시간은 어떤지……. 일하는 데 지장이 있어서는 안 되니까요.

김 대리: 예! 시간은 충분합니다. 오늘은 시간이 많이 걸릴 것이라고 지난번에 말씀하셔서 충분히 준비를 하고 왔습니다.

비즈니스 코치: 자, 그럼 시작해 볼까요?

1) 고객이 가진 니즈의 종류

고객은 크게 두 가지의 니즈를 갖고 있습니다. 그가 구매의사결정 과정에서 어떤 역할을 하든 고객은 이번의 거래를 통해 개인적으로 채우고 싶은 개인 니즈와 업무와 조직에 대한 니즈, 즉 조직 니즈가 있지요. 아래의 그림을 보면

와 같은 니즈가 있지요. 위의 니즈는 개인적인 니즈가 됩니다. 고객은 거래를 하면서 자신이 조직 내에서 가진 영향력,

즉 파워를 확인하거나 명확하게 하고자 하는 니즈가 있지요. 이 니즈를 가진 고객은 "이번 거래는 내게 책임이 있습니다. 다른 사람의 조언이나 눈치를 보지 않습니다."라는 말을 상담하는 가운데 자신도 모르게 이야기하거나 중요한 순간에 이 니즈를 나타내는 말을 합니다. 이것을 파악하기 위해서 영업사원은 고객과의 상담 중에 고객의 말을 잘 들어야 하는 것이지요. 성과 니즈는 "이번 거래로 내 일에 얼마나 도움이 되는가?"를, 인정 니즈는 "이번 거래로 내가 구매를 잘하였다는 소리를 듣고 싶다."를, 인간관계 니즈는 "이번 거래가 조직의 다른 구성원들과의 관계에 나쁜 영향을 미치면 안 된다. 좋은 인간관계를 유지하고 싶다."를, 안전 니즈는 "이번 제품 / 부품의 교체가 업무에 지장을 주어서는 안 된다."를, 안정 니즈는 "이번 거래로 인한 결과가 자신의 조직 내 위치에 영향을 주거나 직원들이 일을 하는 데 지장을 초래해서는 안 된다."와 같은 말을 통해 자신의 개인적인 니즈를 표현합니다.

대부분의 고객은 이러한 니즈를 말하지 않지요. 하지만 중요한 순간이나 중요한 의사결정을 할 때는 자신도 모르게 이러한 니즈를 말이나 행동으로 나타냅니다. 영업사원은 이러한 고객의 니즈를 파악하고 상담 중 충분하게 니즈를 채워 주어야 합니다. 그리고 고객이 자신의 개인적인 니즈를 말하지 않더라도 영업사원은 느낌으로 이것을 파악할 수 있어야 합니다. 그 고객의 역할이 중요하고 위치가 높을수록 이러한 니즈의 충족이 구매 결정의 중요한 요인이 되기도 합니다.
다음의 사례를 봅시다.

> 스포츠 잡지의 광고 영업맨이 중견기업의 회장을 만나 광고수주를
> 받아 오려 한다. 그런데 기업의 회장은 결정을 내리지 못하면서 망설
> 이고 있다. 영업맨이 그 회장에게 "망설이는 이유가 무엇입니까?"라
> 고 묻자 회장은 "지금 회사의 자금 사정이 좋지 않습니다. 왜냐하면
> 회사에서 일하는 사위가 새로운 사업에 자금을 투자했기 때문입니다.
> 광고를 내는 것이 이익이 될 것임을 알지만……" 하고 대답했다. 그
> 러자 또 영업사원이 "회장님께서 망설이는 진짜 이유는 무엇입니
> 까?"라고 또다시 질문을 하자 잠시 망설이던 회장은 "내가 이 회사를
> 창업하고 지금까지 잘 경영해 왔는데…… 사위 때문에…… 그래 결
> 정을 하지요. 광고를 하기로 합시다."라고 결정을 내린다.

위의 이야기에서 기업의 회장이 가진 니즈는 바로 개인적
인 니즈 중 자신의 영향력을 보여 주고 싶은 것이지요. 영업
사원이 적절한 질문을 통해 고객 스스로 자신의 니즈를 말하
고 또 그 니즈를 채울 수 있는 결정을 한 것입니다. 이것이
개인적인 니즈가 가진 힘이지요.

김 대리도 고객이 개인적인 니즈를 갖고 있고 그 니즈를
어떤 식으로든 채우고 싶어 한다는 것을 알겠지요?

김 대리: 그럼 고객이 망설이는 이유 중 하나는 상담을 통해

자신의 개인적인 욕구가 채워지거나 문제가 해결될 수 있다
는 확신이 부족할 때가 되겠군요?

비즈니스 코치: 그렇지요. 둘째로 고객이 가진 니즈는 조직적
인 니즈입니다. 이것 또한 그림으로 알아봅시다.

고객이 가진 조직적인 니즈는 위의 그림에서 알 수 있듯이
문제해결 니즈와 경영 니즈 그리고 상품 니즈의 3가지입니
다. 이 조직적인 니즈를 채우고자 대부분의 고객은 자신들에
게 필요한 물품을 구매하는 것이지요. 개인적인 니즈가 거래
를 통해 개인적으로 채우고 싶은 심리적인 것이라면 조직적
인 니즈는 구매를 하는 궁극적인 이유 또는 구매를 통해 얻
고 싶은 경제적인 니즈입니다. 예를 들어 고객이 김 대리에
게 전화를 해서 ○○○한 상품이 필요하다고 할 때 그것은
상품니즈입니다. 여기서 중요한 것은 고객이 상품을 구매하
는 궁극적인 니즈는 상품 니즈만이 아니고 문제해결 니즈와
경영니즈 모두라는 것입니다.

고객이 구매를 결정하는 이유는 경영 니즈, 즉 투자 효율성,
즉 투자의 성과 때문입니다. 여기서 영업을 하는 입장에서

기억할 것은, 고객은 경영 니즈를 잘 표현하지 않는다는 것이지요. 경영 니즈는 그 기업의 경영상의 목표달성 실패 또는 기업 비전에 나쁜 영향을 미치는 문제들입니다. 따라서 기업 입장에서는 반드시 해결책을 찾아야 하는 것이지요. 이러한 경영 니즈를 충족하기 위해서는 해결해야 할 문제들이 있지요. 이 문제들은 대부분 업무상의 문제, 업무성과 문제들이지요. 이 업무문제가 문제해결 니즈가 됩니다. 그리고 이 문제해결 니즈를 해결하기 위해서는 새로운 제품·상품이 요구됩니다. 즉 업무상의 문제 해결에 필요한 기능과 성능을 가진 적절한 제품들을 찾게 되는 것이지요. 이것이 바로 상품 니즈입니다.

일반적으로 문제해결 니즈－"우리는 업무의 ○○○한 문제를 해결해야 한다." － 와 상품 니즈－"우리의 ○○○한 문제 해결을 위해 ○○○한 상품이 필요하다." － 를 말합니다. 여기서 경영 니즈는 문제해결 니즈와 상품 니즈를 발생시킨 이유이고 원인이며, 얻기를 기대하는 이익이 되는 것이죠. 대부분의 영업맨들은 고객에게 상품의 자랑 또는 기능상의 특징, 장점에 집중해 상품을 일방적으로 설명하지요. 이러한 설명이 고객 입장에서는 영업사원이 일방적으로 상품 / 서비스를 소개하고 자랑한다고 생각하게 하는 것이지요. 영업사원은 고객들이 가진 업무상의 문제해결과 그 문제해결을 통해 얻을 수 있는 이익을 명확하고 설득력 있게 제시하여야 합니다. 즉 상담을 하면서 고객이 상품 니즈와 문제해결 니즈를 충족하였을 때 고객이 얻는 이익(경영이익)을 제안할 수 있는 영업상담이 되어야 합니다.

왜 경영 니즈가 중요하냐 하면 고객이 내리는 구매 결정의 최종적인 욕구가 바로 경영 니즈이기 때문이지요. 그리고 고객이 망설일 때 고객의 결정을 촉구하는 핵심도 경영 니즈의 충족을 강조하는 것입니다.

김 대리: 복잡하군요!

비즈니스 코치: 그렇지요? 이러한 니즈를 모르고 활용을 하지 못하는 영업사원들은 고객들이 너무 까다롭다고 생각하거나 영업이 어렵다고들 하지요. 하지만 이러한 요소들이 있기 때문에 영업이라는 업무가 도전적이고 큰 성취감을 얻을 수 있는 것입니다. 또한 이러한 것을 알고 올바른 접근 프로세스를 펼치고, 업무상 문제해결과 이익에 대한 논리적인 준비가 된 영업사원을 고객은 기다리고 찾는 것입니다. 상품에 대한 일방적인 설명은 결코 고객이 기대하는 상담이 아닙니다. 또 이러한 고객의 니즈를 파악하지 못하는 영업사원은 그만큼 힘든 영업을 하는 것이지요.

김 대리: 잘 알겠습니다. 앞으로 제가 준비하고 고민해야 할 것이 많은 것 같습니다. 그냥 준비 없이 고객을 방문해서는 안 되겠군요. 그런데 고객이 이러한 자신의 니즈를 대부분 말하지 않는데 어떻게 알아낼 수 있습니까?

비즈니스 코치: 그 방법을 말하기 전, 김 대리는 고객 니즈의 종류와 가치를 이해하였습니까? 처음에 우리가 나눈 대화 중에서 고객이 김 대리와 거래를 하는 이유가 무엇이라고 했죠?

김 대리: (잠시 생각에 잠기며) 저와의 거래를 통해 고객이 도움을 얻을 수 있고 문제를 해결할 수 있기 때문이라고 하였습니다.

비즈니스 코치: 그것이 오늘 이야기 중 무엇과 관련이 있다고 생각합니까?

김 대리: 음…… 개인적인 니즈보다는 조직적이 니즈인 것 같고 그중에서 문제해결 니즈와 경영 니즈 쪽인 것 같은데요?

비즈니스 코치: 맞습니다. 항상 그것을 기억하시기 바랍니다.

2) 고객이 자신의 니즈를 알고 있을 때

고객은 자신의 니즈를 알고 있든 모르고 있든 스스로 자신의 니즈를 잘 말하지 않습니다. 왜냐하면 고객들은 자신의 니즈를 말하지 않으면 영업사원이 먼저 보따리(거래조건들)를 하나씩 푼다는 것을 알기 때문입니다. 특히 현업부서의 사용자가 아닌 구매 담당자라면 이것을 구매업무의 중요한 전술로 활용하지요. 따라서 고객이 스스로 자신의 니즈를 이야기하도록 하는 것이 중요합니다. 김 대리는 고객과 상담을 하면서 어떤 질문들을 합니까?

김 대리: (놀란 표정으로) 질문이라니요?

비즈니스 코치: 김 대리는 고객과 상담을 하면서 질문을 하지 않습니까?

김 대리: 예! 질문은 거의 하지 않습니다. 그리고 질문을 하면 고객이 싫어할 것 같기도 하고…….

비즈니스 코치: 사실 그러한 생각이 영업사원들에게 팽배해 있지요. 질문을 하면 고객이 싫어할 것이라고 생각하는 것은 잘못된 생각입니다. 그리고 올바른 질문을 하지 못하기 때문이지요. 질문을 하지 않고 상담을 한다는 것은 고객 중심의 상담이 아니라 영업사원 중심의 상담이 됩니다. 앞에서도 말했지만 상담은 영업사원이 주도를 하되 상담의 내용은 고객 중심이어야 합니다. 그 방법은 질문을 중심으로 상담을 하는 것입니다. 효과적인 질문을 통해 고객의 정보를 파악하고 그 정보를 바탕으로 고객의 문제와 욕구를 발견하고 그것을 통해 그 문제와 욕구를 해결하고자 하는 이유를 찾아낼 수 있으며, 고객의 의사결정을 촉구할 수 있는 결정적인 이익을 알 수 있는 것이지요. 그리고 고객이 자신의 입으로 자신의 문제와 욕구를 이야기하면 스스로 해결책에 대해 목말라한다는 뜻이지요. 자! 그럼 질문의 종류부터 알아볼까요?

가 – 정보파악을 위한 질문: 열린 질문

김 대리가 영업을 하면서, 또는 상담을 준비하면서 고객으로부터 정보가 필요할 때 어떻게 그 정보를 얻을 수 있을까요? 고객과의 상담 중에 분명히 고객이 문제 또는 욕구를 갖고 있다는 생각이 드는데 고객이 그 내용을 말하지 않는다면 어떻게 말하도록 할 수 있을까요?

앞에서도 강조했지만 고객은 영업사원을 믿고 상담 내용이 자신에게 이익이 될 것이라는 확신이 생긴다면 스스로 자신이 문제/욕구를 이야기합니다. 그것을 가능하게 하는 것이 질문, 특히 열린 질문입니다.

열린 질문은 고객으로 하여금 말을 많이 하도록 합니다. 말만 많이 하도록 하는 것이 아니라 영업사원에게 필요한 정보를 이야기하도록 합니다. 이를 통해 영업사원은 고객의 상황과 해결해야 하는 문제를 파악하고, 이를 고객의 문제로 만드는 니즈화 질문으로 이어갈 수 있어야 하지요. 열린 질문이 유용할 때는 다음과 같습니다.

- 고객으로부터 정보를 얻어야 할 때
- 고객의 상황을 파악하기 위해
- 고객이 스스로 자신의 문제 또는 욕구를 알도록 할 때
- 영업사원이 가진 생각을 고객의 생각에 맞추기 위해
- 고객이 이야기를 잘하지 않을 때

따라서 상담을 하면서 '왜? 무엇이? 어떻게?'와 같은 의문사를 활용해 질문을 하는 것입니다.

나 – 확인을 위한 질문: 닫힌 질문

열린 질문과는 다르게 닫힌 질문은 의외로 많은 사람들이 활용하는 질문들이죠. 사실 바람직한 상담은 열린 질문을 많이 하고 닫힌 질문을 적게 하는 것입니다. 그런데 반대로 하니까 고객이 질문을 싫어하고 꺼리는 것이지요. 닫힌 질문은 고객 중심의 질문이 아니라 영업사원 중심의 질문이기 때문이지요.

닫힌 질문은 다음과 같은 상황에서 할 수 있습니다.
- 고객의 이야기를 듣고 확인 사항이 있을 때
- 고객의 이야기 중 영업사원이 추측해서 판단해야 할 때
- 판단의 정확성을 확인할 필요가 있을 때
- 영업사원의 생각을 확인할 필요가 있을 때
- 고객이 충분히 이야기를 한 후 들은 내용을 정리, 확인할 때
- 선택안에 대한 선호도를 확인할 때

따라서 닫힌 질문은 '언제? 누가? 어디서? ~와 ~중? 이것? 저것?' 등과 같은 의문사가 있는 질문들이죠. 여기서 기억해야 할 것은 어떤 질문이든 질문을 하였을 때 고객이 부정적인 답을 하게 해서는 안 된다는 것입니다. 부정적인 답은 마음을 닫게 하고, 상담에 소극적으로 임하게 만들기 때문이죠. 그리고 영업사원 입장에서도 고객이 부정적인 답을 하면 당황하게 되어 그 이후의 상담을 원활하게 진행할 수 없게 되기도 합니다. 왜냐하면 영업사원은 자신의 생각에 확신을 가

지고 고객도 자신과 같은 생각을 할 것이라는 기대감을 강하게 갖고 있을 때 그것을 확인하려 합니다. 하지만 고객 입장에서는 자신이 영업사원의 생각에 동의한다는 것을 알리고 싶어 하지 않는다는 것도 알아야 합니다. 왜냐하면 영업사원의 말에 동의를 하면 고객은 상담에서 자신의 입장이 약해진다고 생각하기 때문이지요. 그리고 영업사원의 개인적인 추측이 고객에게 맞을 수도 없고요.

따라서 영업상담을 할 때 질문을 활용하는 바람직한 방법은 주로 열린 질문을 많이 하고 그 중간에 자신이 생각한 것 또는 고객의 이야기 중 확인하고 싶은 것이 있을 때 닫힌 질문을 하는 것입니다. 따라서 영업사원은 어떤 고객을 만나더라도 고객으로부터 정보(니즈)를 얻을 수 있는 질문의 프로세스를 가지고 있어야 합니다. 그 프로세스는 뒤에서 알아보도록 하지요. 지금은 고객이 자신의 니즈를 알고 있을 때, 또 자신의 니즈를 이야기할 때 어떻게 상담을 진행할 것인가를 알아보도록 합시다. 김 대리는 고객에게서 어떤 말을 가장 듣고 싶습니까?

김 대리: 당연히 ○○○한 제품이 필요하다. ○○○을 구매하려 한다. ○○○제품은 어떤 기능들이 있는가? ○○○제품은 ○○○한 문제를 해결할 수 있는가? 거래 조건은? 결제 조건은? 등등이죠.

비즈니스 코치: 그럼 고객이 구매를 하는 진정한 이유를 말하는 경우가 있던가요?

김 대리: 글쎄요! 대부분은 위의 질문을 하고 저의 설명을 듣고 자신이 원하는 거래 조건에 합의하고 계약을 하는 것 같은데…….

비즈니스 코치: 그럼 그 고객이 김 대리에게만 그러한 이야기를 할까요? 김 대리 회사의 경쟁사에게는? 대체 상품을 공급하는 회사에게는? 또 그러한 고객과의 거래 성사 비율은 어떻게 되나요?

김 대리: 물론 고객이 저에게만 상담을 요청하는 것은 아닐 것입니다. 그리고 그러한 이야기를 하는 고객과의 상담 성공률은? 글쎄요? 일단 그러한 고객의 수가 많지 않아서……. 그래도 10건 중 2 - 3건은 성공을 하는 것 같은데…….

비즈니스 코치: 그럼 그 성공률을 지금의 배로 만든다면?

김 대리: (깜짝 놀라며) 그렇게 되면 더할 나위 없이 좋지요! 그런 방법이 있습니까?

비즈니스 코치: 있지요. 고객이 구매를 하는 결정적인 동기인 경영 니즈를 강조하거나 자극하는 것이지요.

김 대리: 그렇군요. 앞에서 경영 니즈를 강조하신 이유가 다 있었군요.

비즈니스 코치: 그렇지요. 경영 니즈를 알아보기 전에 김 대리가 고객으로부터 듣고 싶은 이야기 중에는 상품 니즈와 문

제해결 니즈가 있지요. 구분할 수 있겠습니까?

김 대리: 상품 니즈는 "○○○한 제품이 필요하다."이고 문제
해결 니즈는 "지금 ○○○한 문제를 해결해야 한다."일 것
같은데…….

비즈니스 코치: 맞습니다. 그럼 상품 니즈와 문제해결 니즈 중
고객에게 더 중요한 것은 무엇일까요?

김 대리: (대답을 망설인다.) 둘 다 같지 않습니까?

비즈니스 코치: 다릅니다. 상품 니즈보다는 문제해결 니즈가
더 중요합니다. 그리고 상품 니즈와 문제해결 니즈보다 더
중요한 니즈가 경영 니즈입니다. 경영 니즈는 투자대비 효율
과 이익, 투자를 하는 궁극적인 목적, 투자를 통해서 얻고자
하는 이익입니다. 따라서 이 세 가지 니즈의 구조를 보면 다
음과 같이 표시할 수 있지요.

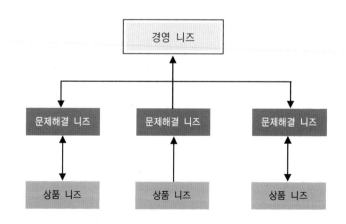

그림에서 알 수 있듯이 상품 니즈보다는 문제해결 니즈가, 문제해결 니즈보다는 경영 니즈가 더 가치가 있습니다.

김 대리: 그럼 결국 고객이 구매를 하는 것은 경영 니즈를 충족하기 위해서라는 말씀입니까?

비즈니스 코치: 그렇지요. 그런데 고객은 경영 니즈를 잘 모르거나 알고 있더라도 이야기를 잘하지 않지요.

김 대리: 왜 그렇습니까? 처음부터 경영 니즈를 이야기하면 좋을 텐데…….

비즈니스 코치: 그건 첫째 경영 니즈를 이야기하는 것은 영업의 주도권을 영업사원에게 빼앗기게 되는 것이고, 둘째 그들은 보다 나은 조건의 거래를 위해 훈련을 받았으며, 셋째로는 그들 자신도 경영 니즈를 잘 모르기 때문이죠. 그리고 고객이 자신의 입으로 상품 니즈 혹은 문제해결 니즈를 이야기하더라도 대부분의 영업사원들은 경영 니즈를 묻지 않지요.

김 대리: 경영 니즈가 그렇게 중요한 것인가요?

비즈니스 코치: 당연히 매우 중요하죠! 왜냐하면 영업사원이 경영 니즈를 안다면 상담 중 고객의 어떠한 반대도 극복할 수 있습니다. 즉 경영 니즈는 고객의 중요한 문제이고 충족해야 할 궁극적인 욕구이기 때문이지요.

김 대리: 이해가 잘 되지 않는데요.

비즈니스 코치: 그럴 것입니다. 좀 더 자세히 설명을 하지요. 상품 니즈가 발생한 원인은 업무수행에 문제가 있다는 것이

죠? 그렇지 않습니까?

김 대리: 그렇겠지요.

비즈니스 코치: 그럼 업무수행에 문제가 있다면 그 영향은 어디에 미칠까요?

김 대리: 당연히 조직의 성과나 목표달성에 부정적인 영향을 미치겠지요. 그럼 업무수행의 문제가 경영 니즈를 유발하는 것이군요!

비즈니스 코치: 그렇지요. 그럼 그 중요성은 설명을 하지 않아도 되겠군요. 결국 고객이 ○○○라는 제품을 요구한다는 것은 그 제품으로 해결하고자 하는 업무의 문제 또는 욕구가 있다는 것이고, 그것이 해결되지 않으면 조직 목표달성 또는 성과향상에 문제가 발생하는 것이지요. 하지만 고객은 여간해서는 경영 니즈를 이야기하지 않습니다. 따라서 영업사원이 경영 니즈를 알아야 하는 이유로는 다음과 같은 것들이 있지요.

1) 경영 니즈는 구매 결정의 가장 중요한 요소이다.

2) 경영 니즈는 상담 중 발생하는 고객의 반대를 극복할 수 있는 강력한 설득 요인이다.

3) 고객의 경영 니즈는 보다 많은 영업의 기회를 제공해 준다.

4) 경영 니즈와 상품 니즈가 불일치할 경우 상품의 구매는 없다.

5) 고객은 경영 니즈를 충족시켜 주는 상품을 항상 찾고 있다.

김 대리: 그러고 보니 경영 니즈가 영업에서 매우 중요한 것이군요. 그런데 고객이 경영 니즈를 이야기하지 않는데 어떻게 알 수 있습니까?

비즈니스 코치: 그래서 질문이 필요한 것이죠. 고객이 상품 니즈를 이야기할 때는 성급하게 상품의 기능에 대해 설명하기보다는 문제해결 니즈(왜 그 상품을 필요로 하는가? 그 상품으로 얻고자 하는 것은?)를 파악하기 위한 질문과 경영 니즈를 파악하기 위한 질문을 한 후 상품의 설명을 해도 늦지 않습니다. 물론 상품 설명을 하면서 자연스레 이러한 질문을 할 수도 있지요. 이 경우는 고객이 상품 니즈와 문제해결 니즈를 알고 있는 상황에서 영업사원에게 상담을 요청할 때 활용할 수 있는 상담 방법입니다. 어떠한 경우든 고객이 상품에 관심을 보일 때 왜? 무엇 때문에? 그 상품을 필요로 하는지를 알아내는 것이 중요합니다. 그리고 반대의 순서인 경영 니즈부터 접근을 하는 것은 고객이 조직의 성과문제로 고민을 하거나, 영업사원이 새로운 영업의 기회를 발굴하기 위해 필요합니다. 예를 들어, 김 대리가 거래하고 있는 기업의 경영정보를 통해 사무비용절감이 그 기업의 금년도 경영방침이라는 것을 알았다고 합시다. 김 대리는 이 정보를 활용해서 그 기업과 새로운 비즈니스 거래를 하고자 합니다. 그럼 누구를 만나야 할까요?

김 대리: 당연히 지금 거래를 하는 담당자와 만나야겠지요?

비즈니스 코치: 그다음에는?

김 대리: 그 담당자에게 사무비용 절감을 위한 상품을 소개하겠죠. 당연한 것 아닙니까?

비즈니스 코치: 그럼 그 담당자는 사무비용 절감과 김 대리의 설명 사이의 관계를 알게 되겠군요. 그래서 그 담당자가 확신을 갖게 되면 거래를 할 수도 있겠네요!

김 대리: 그렇겠지요.

비즈니스 코치: 그럼 그 담당자가 경영방침은 알고 있더라도 그 해결책으로 새로운 사무기기의 구입이 아닌 다른 방법을 생각하고 있거나, 아직 해결책을 고려하고 있지 않다면?

김 대리: 그것은 잘 모르죠. 일단 저는 영업사원으로서 상품설명을 하는 것이 중요한 것 아닌가요?

비즈니스 코치: 중요하죠. 하지만 그래서는 그 담당자가 김 대리가 원하는 행동을 하는 데 시간이 걸리거나, 원하는 행동을 하지 않는 것이 문제지요. 이는 김 대리가 고객의 정보는 수집을 하였지만 그것을 영업의 기회로 활용하지 못하였다는 것을 의미합니다. 이 또한 일방통행식의 영업상담이니까요. 수집한 정보를 활용해 고객과 상담을 하면서 고객이 스스로 문제를 인식하고 김 대리가 가진 해결책에 대한 도입 욕구를 강하게 갖도록 하는 것이 중요합니다. 따라서 이 경우에는 경영의 목표 또는 문제 해결을 위한 구체적인 방법을 찾아 내도록 하는 질문 기술이 필요합니다. 즉 경영 니즈

를 해결하기 위해 무엇이 필요한가?(문제해결 니즈) 그 문제해
결 니즈를 해결하기 위해 무엇이 필요한가?(상품 니즈)라는
질문기술이 요구되는 것이지요.

김 대리: 복잡하군요.

비즈니스 코치: 처음에는 복잡하게 느낄 수도 있습니다. 그것
은 아직 이 프로세스에 익숙하지 않아서 그렇지요. 다음의
그림을 보면 일목요연하게 이해할 수 있을 것입니다.

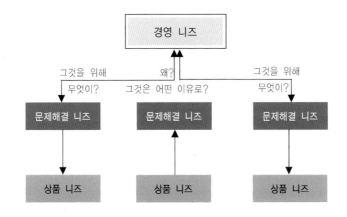

김 대리: 한눈에 파악이 되는군요. 니즈가 이렇게 구조적인 줄
은 미처 몰랐습니다.

비즈니스 코치: 아마 김 대리도 영업을 하면서 자연스레 그림
에 나와 있는 질문들을 사용하고 있을 것입니다. 다만 그 질
문에 대한 고객의 답과 고객의 구매 결정 요소인 니즈와의

관계를 잘 몰랐을 겁니다. 그리고 영업을 하면서 고객에게 질문을 효과적으로 하는 것만큼 중요한 것이 고객이 하는 말을 잘 듣는 것입니다. 영업사원들은 설명하는 데 급급해서 고객의 말을 잘 듣지 않거나 중간에 끼어드는 실수를 저지르기도 하지요.

김 대리: 그럼 고객이 자신의 니즈를 모를 때는 어떻게 합니까? 이 방법으로는 안 될 것 같은데…….

비즈니스 코치: 그것을 파악하다니! 놀랍군요! 자! 잠시 쉬었다가 그 부분에 대해서도 알아봅시다.

3) 고객이 자신의 니즈를 모를 때

비즈니스 코치: 어떤 통계에 따르면 전자제품을 구매한 고객의 46% 정도가 구매 후 상품의 성능에 대해 불만족을 느낀다고 합니다. 그 이유로는 첫째 전자제품을 구매하는 고객들은 진짜로 자신에게 도움이 될 이익과 문제를 해결할 수 있는 기능이 어떤 것인지 잘 모르기 때문입니다. 광고나 다른 사람들의 이야기를 통해 필요할 것이라는 생각을 갖지만 그 상품을 통해 자신이 얻고자 하는 기능이 무엇인지를 잘 모르기 때문에 구입 후 사용을 하면서 불편함을 느끼는 것이지요. 둘째는 상품을 판매하는 사람들이 상품에 대한 설명을 자세히 해 주지 않는 경우가 많지요. 때로는 영업사원도 상품의

기능과 그 기능들이 제공하는 편리함과 해결해 주는 고객들의 문제를 잘 모르기 때문에 고객에게 맞는 설명을 해주지 못하기도 하지요(이러한 이유로 영업사원은 상품의 기능과 특성을 아는 것만큼이나 그 기능과 특성이 고객에게 어떤 혜택을 주고 어떠한 문제를 해결할 수 있는지를 명확하게 알아야 합니다. 이를 솔루션이라 하는데 뒤에서 자세히 알아볼 것입니다.). 얼마 전 내가 아는 사람이 강의용으로 사용하려고 가볍고 작은 노트북 컴퓨터를 구입했습니다. 크기가 보통 책보다도 작은 것이었지요. 그런데 이 노트북을 사용해 강의를 하기 위해 빔 프로젝트에 연결을 하면 자료의 내용 전체가 나오는 것이 아니고 일부분만 노트북 LCD에 나와서 매우 불편함을 느끼면서 하는 말이 잘못 구입했다고 하더군요. 과연 그 노트북을 판매한 사람도 그 상황을 알고 있었을까요? 몰랐다면 알도록 노력을 해야 할 것이고, 알면서도 그 이야기를 해 주지 않았다면 윤리적으로 문제가 있는 것이지요. 그 판매사원이 제가 아는 사람에게 왜 그 소형 노트북이 필요한지를 알았다면 더더욱 그 사실을 이야기해 줘야 했겠지요. 왜냐하면 강의 도중에 자료를 수정할 경우가 많은데 그때마다 빔 프로젝트를 끄고 수정한 후 다시 연결을 해야 하는 불편함이 강사에게는 신경 쓰이는 것이니까요. 아마도 그 판매사원이 이 사실을 알고, 고객들이 그것에 대한 불편함과 불만을 회사에 알린다면 그 해결 방법도 개발할 수 있을 것이고, 고객들의 불만도 줄어들겠지요.

김 대리: 사실 영업사원이 자신이 판매하는 제품에 대해 모든 것을 다 알 수는 없는 것 아닙니까?

비즈니스 코치: 그래요? 그렇다면 영업사원으로서 기본적인 준비가 부족한 것입니다. 고객 입장에서는 영업사원이 제품에 대한 지식을 완벽하게 알고 있을 것이라 믿습니다. 그런데 그 믿음을 저버려서는 안 되는 것 아닌가요? 또 제품에 대한 지식이 떨어지니까 어떤 이익을 줄 수 있는지를 잘 모르고, 이것이 고객의 니즈를 찾아내지 못하는 이유이기도 합니다.

김 대리: 제품에 대한 지식이 고객의 니즈를 찾는 데 도움이 된다고요?

비즈니스 코치: 그렇습니다. 그것도 절대적으로 중요하며 밀접한 관계가 있습니다. 결국 고객의 니즈가 영업성과를 좌우하는 것이니까요. 중요한 것은 제품의 성능이 아닙니다. 성능은 고객의 니즈를 만족시켜 주는 역할만 하는 것이지요.

김 대리: 고객은 성능이 좋은 제품을 구매하려고 하지 않습니까? 그래서 영업맨들이 열심히 설명을 하는 것이고…….

비즈니스 코치: 일리 있는 말이지만, 그래서 영업이 어렵고 때로는 고객이 영업사원의 방문을 꺼린다고 생각해 보지는 않았습니까?

김 대리: …….

비즈니스 코치: 자! 우리가 처음 만나 나눈 이야기를 생각해 봅시다. 고객이 김 대리와 거래를 하는 이유는 무엇이었죠?

김 대리: 그건 저와의 거래를 통해 자신들이 원하는 것을 얻을
수 있기 때문이라고…….

비즈니스 코치: 그렇지요. 여기서도 그것과 같습니다. 상품의
성능이 아무리 우수하고 다양하더라도 고객이 그 성능과 기
능을 원하지 않으면 고객은 절대 그 상품을 구입하지 않습
니다. 아닌가요?

김 대리: 그렇겠지요. 그것과 고객의 니즈를 찾는 것은 어떤
연관이 있습니까?

비즈니스 코치: 고객의 니즈를 찾는다는 것은 영업사원이 고객
을 설득하기 위한 핵심 요소를 아는 것이고, 또 고객이 자신
의 니즈를 발견하도록 한다는 것은 영업사원과의 거래를 하
고자 하는 욕구를 강하게 갖도록 하는 것이지요. 앞에서 알
아본 것과 같이 고객이 자신의 니즈를 알고 영업사원에게
그 니즈를 이야기한다면 얼마나 좋겠습니까? 영업이 가진
또 하나의 어려운 부분은 고객이 그 니즈를 이야기하지 않
거나 니즈를 모른다는 것이죠. 따라서 영업사원은 다양한 질
문을 통해 고객의 니즈를 발굴하여 거래의 기회를 스스로
만들 수 있어야 합니다.

영업사원이 다양한 질문을 준비하는 방법은 먼저 고객의
정보를 파악하는 것입니다. 자신이 판매하는 상품의 이익과
기술적인 성능이 필요한 고객의 상황을 파악하는 것을 의미

하죠. 그리고 자신이 파악한 상황을 고객이 어떻게 인식하고 있는지, 고객이 그 상황을 개선하고자 하는 의지가 있는지, 있다면 그 방법은 어떤 것을 찾고 있는지, 개선의 방법을 안다면 기꺼이 구입을 할 것인지, 개선 후의 이익(고객이 얻는)을 어떻게 생각하는지 등등을 알아야 한다는 것입니다. 물론 이러한 질문의 핵심요소는 영업사원이 판매하는 상품의 이익과 관련된 질문이어야 하겠지요?

김 대리도 알고 있듯이 고객은 다양한 이유와 상황에 의해 니즈를 갖고 있지요. 문제는 그 니즈를 고객이 몰라서 구입을 하지 않는다는 것입니다. 고객이 자신의 니즈를 모르고 있을 때, 영업사원이 판단하기에 분명히 니즈(문제 또는 욕구)가 있을 것이라고 믿는데 고객이 움직이지 않을 때 질문을 하는 방법은 다음과 같지요.

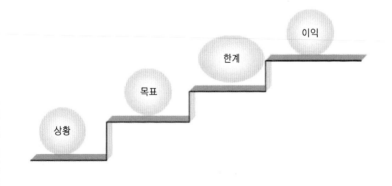

김 대리가 새로운 고객을 방문하려 합니다. 김 대리가 파악하기로는 그 기업은 시장에서 좋은 반응을 얻고 있는 중입니다. '따라서 영업사원들의 활동이 많을 것이고, 고객의 요구에 신속하게 대응하는 능력이 요구될 것이다. 특히 고객이 다양한 자료를 원할 때 지체 없이 대응을 하는 것이 필요하다.'는 정보를 수집해 김 대리 나름대로 고객의 니즈를 추측합니다. 여기서 김 대리의 추측은 추측일 뿐입니다. 김 대리는 고객을 만나 질문을 통해 고객의 니즈를 찾아낼 필요가 있습니다.

가) 상황 - 고객의 현재 상태를 확인하는 질문을 합니다.

나) 목표 - 고객이 바라는 바람직한 영업사원들의 고객 응대 모습을 고객이 스스로 말하도록 질문을 합니다.

다) 한계 - 그 목표를 달성하기 위해 새로운 사무기기를 도입하지 않는 이유를 묻습니다.

라) 이익 - 새로운 사무기기(김 대리가 판매하고자 하는)의 도입을 통해 영업사원들의 고객 대응 능력이 향상되었을 때 고객과 고객기업이 얻는 이익을 물어보는 질문입니다. 김 대리가 추측한 내용을 고객이 받아들이거나 동의하도록 강요하는 것이 아니라 질문을 통해 김 대리가 원하는 답(새로운 사무기기의 도입이 필요하군요!)을 고객이 스스로 말하도록 하는 것이 중요합니다.

자! 김 대리가 고객을 만나 상담을 하기 위해 준비한 정보
에 의하면, 고객은 영업사원들이 보다 신속하고 깔끔하게 준
비된 자료를 갖고 오기를 기대한다는 것을 알았다고 합시다.
이 역시 아직까지 고객의 니즈는 아닙니다. 이것을 니즈로
만들어야 하는 것이지요. 김 대리가 판매하고자 하는 제품이
신속성과 컬러프린팅의 상태가 매우 양호하다고 합시다. 고
객은 아직 새로운 사무기기를 구입할 의향이 없습니다. 이때
김 대리가 접근할 수 있는 질문을 예로 정리해 보면 다음과
같습니다.

상황	현재 영업사원들이 고객에게 제공할 자료를 준비하는 데 소요되는 시간은? 그것에 대한 고객들의 반응은? 영업사원들은? 준비한 자료의 상태는 고객들이 만족하는가?
목표	영업사원들이 고객에게 제공할 자료를 준비하는 시간을 얼마나 줄이고 싶은가? 그것이 가능하다면? 고객들이 기대하는 자료의 수준은? 고객이 영업사원이 제출하는 자료를 통해 필요한 정보를 명확하게 얻을 수 있다면?
한계	그것을 위해 새로운 사무기기를 구입하지 않는 이유는?
이익	영업사원들이 지금보다 1일 빠르게 자료를 고객들에게 제공할 때 얻을 수 있는 이익은?

이 질문들을 보면 절대로 영업사원이 강요하는 답이 없고 고
객이 스스로 자신에게 필요한 답을 찾도록 구성되어 있지요.
고객이 자신의 니즈를 알고 있든 알고 있지 않든 영업사원
은 자신이 제공하는 상품과 서비스의 이익을 고객이 간절히

원하도록 하여야 한다는 것이 중요합니다. 고객의 니즈에 부합되지 않은 상품과 서비스의 기능은 설득력이 없다는 것과 상품과 서비스의 많은 기능과 특징들 중 고객은 자신의 니즈를 충족시켜 주는 부분에만 관심을 갖는다는 것을 알아야 합니다.

영업사원이 말을 잘한다는 것은 결국 혼자 얼마나 오랜 시간 막히지 않고 설명을 하는가가 아니라 고객의 니즈를 빠른 시간 내에 찾아내는 질문기술과 다음에 알아볼 설득을 할 때뿐입니다. 말을 많이 하는 일방통행식의 설명이 되어서는 안 된다는 말입니다.

김 대리: 생각보다 쉬운 것은 아니군요. 질문을 준비하는 것이 아주 중요할 것 같습니다. 사실 영업을 하면서 고객에게 질문을 하여야 한다는 것을 알면서도 현실에서는 어렵지요.

비즈니스 코치: 왜 어렵습니까?

김 대리: 왜냐하면 고객이 그 질문에 대한 답을 해 주지 않는 것, 고객이 질문을 싫어하는 것, 질문을 했는데 고객이 다른 대답을 할 경우, 고객이 질문을 무시하고 자신이 궁금한 것만 묻는 것, 혹 영업사원이 대답하기 곤란한 질문을 고객이 하면 어쩌나 하는 염려 등 많은 이유들이 있지요.

비즈니스 코치: 그래서요?

김 대리: 그렇기 때문에 영업을 하면서 고객을 설득하기 위해

말을 잘해야 한다고 생각하는 것이지요.

비즈니스 코치: 영업사원이 말을 잘한다는 것은 중요합니다. 그것은 영업을 성공하기 위한 필요조건은 되지만 충분조건은 아니지요. 충분조건은 고객이 원하는 말을 할 수 있는 것입니다. 고객이 듣고 싶은 말을 논리적으로 하는 것이 말을 제대로 잘하는 것이지요. 이는 스스로 연습도 하고 준비도 많이 하여야 할 것입니다.

김 대리: 알겠습니다. 그럼 질문을 통해 고객의 니즈를 찾아낸 다음에는 어떤 능력이 필요합니까?

비즈니스 코치: 그건 다음에 만나 알아보도록 하지요. 미리 간단하게 말하자면 논리적인 설득을 하는 것이고, 논리적인 설득을 위해서는 고객의 니즈에 맞는 많은 설득의 무기를 준비하는 것이 중요합니다. 오늘은 니즈가 어떤 것들이 있고 또 고객의 니즈를 찾아내는 방법까지로 이야기를 마무리하도록 합시다. 김 대리는 다음에 만날 때까지 오늘 이야기한 것을 잘 활용하시기 바랍니다. 어쨌든 고객의 니즈를 찾아낸다는 것은 영업의 성공을 위한 문을 열기 시작하는 것이니까요.

김 대리: 알겠습니다. 좀 어렵겠지만 적극적으로 활용을 해 보도록 하겠습니다. 오늘 많은 시간 동안 좋은 내용을 알게 되어서 무척 기쁩니다.

비즈니스 코치: 그 기쁨을 김 대리 것으로 만드는 것은 김 대리의 선택 - 활용하겠다 - 에 달렸습니다. 자, 그럼 다음에

만나 이야기하도록 합시다.

비즈니스 코치는 자리에서 일어나 자신의 길을 간다. 김 대리도 자리에서 일어나 사무실로 발걸음을 향한다. 오늘 대화 내용을 생각하면서…….

김 대리는 며칠 동안 자신이 고객을 만나서 던질 수 있는 질문들을 정리해 보았다. 그러면서 이제까지 얼마나 준비 없이 영업을 해 왔는지를 새삼 알게 되었다. 고객의 니즈를 찾는 질문을 만드는 작업은 김 대리의 생각보다 쉽지 않았다. 그리고 자신이 만든 질문이 어느 정도 효과가 있는지도 궁금해지기 시작했다. 고객이 질문에 어떠한 반응을 보일까? 질문에 어느 정도 성실하게 대답을 해 줄까? 등등의 의문이 들었다. 질문의 효과를 알아보는 방법은 직접 고객과 상담을 하면서 활용해 보는 길이 최선의 방법이라는 것도 알았다. 그래서 김 대리는 고객을 만날 때 자신이 준비한 질문 중 몇 개를 활용하면서 질문을 가다듬기로 했다.

오늘은 그동안 인사만 나누었던 대기업 영업지원과의 이조세 과장과 상담이 예정되어 있다. 김 대리는 자신이 준비한 질문을 검토하면서 지금까지 이조세 과장과의 만남에서 정보를 충분히 파악하지 못하였음을 알았다. 이런 식의 미팅으로는 언제 구매 계약서를 작성할 수 있을지 의문이 들었다. 김 대리는 자신이 이조세 과장을 고객으로 만나는 이유부터 생각해 보았다. 분명 영업의 기회가 있을 것이라는 확신이 있어서 접근을 하였는데……. 김 대리는 이조세 과장이 일하는 회사의 상황과 고객들의 반응 그리고 영업사원들이 느끼는 애로사항들을 나름대로 파악하였다. 그리고 자신이 판매하고자 하는 상품의 특징을 중심으로 이조세 과장에게 던질 질문을 준비하였다.

이제까지 이조세 과장과의 상담은 꽤나 부드러웠다. 이조세 과장도 김 대리를 싫어하는 눈치가 아닌 것 같다. 따라서 김 대리는 용기를 갖고 이조세 과장을 방문한다. 기대와는 달리 이조세 과장은 꽤 바쁜 것 같아 보였다. 김 대리는 인사를 하고 상담을 요청하였다. 이조세 과장은 바쁜 듯이 김 대리를 쳐다본다. 김 대리가 먼저 말을 꺼낸다. "이조세 과장님, 오늘은 제가 과장님께 업무 효율을 올릴 수 있는 방법을 소개하고자 합니다. 15분 정도만 시간을 내어 주시기 바랍니다." 이조세 과장은 시계를 보고서 "그럼, 딱 15분입니다. 상담실로 가시죠."라고 대답을 한다. 김 대리는 상담실로 가면서 자신이 준비한 질문을 다시 기억한다. 상담실에 들어가 자리를 잡은 두 사람. 먼저 이조세 과장이 입을 연다.

이조세 과장: 제가 바쁘니까 정확히 15분간입니다. 어떤 좋은 방법이 있나요?

김 대리: (김 대리는 예전과 같이 곧바로 상품 설명으로 들어가려고 하

는 성급한 마음을 추스르며) 예, 일단 시간을 내어 주셔서 감사
합니다. 그 방법을 알려드리기 전에 제가 몇 가지 질문을 드
리고자 합니다. 괜찮겠습니까?

이조세 과장: 그래요? 그렇게 하시죠.

김 대리: 현재 영업사원들이 사무기기, 특히 복사기의 사용에
불편함을 느끼지 않습니까? 예를 들어 작성한 문서를 출력
한 후 다시 복사실로 가서 다량을 복사하는 데 시간이 너무
걸린다든가…….

이조세 과장: 예, 가끔 그러한 소리를 듣기는 합니다만…….

김 대리: 그러한 소리를 얼마나 자주 듣는 것 같습니까?

이조세 과장: 글쎄요. 하루에 한두 번은 듣는 것 같은데…….

김 대리: 현재 영업사원이 몇 명이나 되죠?

이조세 과장: 50명입니다.

김 대리: 그럼 그 50명 중 그러한 불평을 갖고 있으면서 말하
지 않는 사람도 있겠군요?

이조세 과장: 그렇겠지요.

김 대리: 그리고 영업사원들이 고객에게 제출할 제안서 또는
기타 자료를 준비하는 데 시간이 지연되어 고객과의 상담시
간을 지키지 못하거나 상담에 지장을 받을 수도 있겠군요.
영업사원이 제안서를 준비하는 시간을 줄일 수 있다면 어떤
반응과 효과가 있겠습니까?

이조세 과장: 정확하게 시간이 얼마나 걸리는지는 모르지만 영

업사원들이 자료준비에 시간이 걸려 고객과의 상담시간을 지키기 위해 허둥지둥 나가는 것을 보기는 합니다만……. 영업사원이 자료준비 시간을 줄일 수 있다면 우선 자료를 좀 더 세밀하게 준비할 수 있을 것이고, 여유 있게 고객과의 상담 시간을 맞출 수 있을 것이며, 그럼 보다 효과적인 상담이 될 것이고 그다음은 좋은 성과가 나오겠지요. 그런데 그렇게 빠르고 선명하며 신속하게 자료를 준비할 수 있는 기능을 가진 상품이 있나요?

김 대리: 물론입니다. 상품을 소개하기에 앞서 또 한 가지 질문을……. (김 대리는 이조세 과장이 상담에 적극적으로 응하고 자신의 질문에 대답을 하면서 보다 나은 사무기기의 필요성을 느끼는 것을 직감으로 알았다. 그다음으로 김 대리는 한 가지 추가적인 질문을 하면서 상담을 이끈다. 벌써 시간이 20분이 지났다. 그런데 이조세 과장은 시간에 대해 신경을 쓰지 않는 듯하다.) 시간이 벌써 20분이 지났습니다. 이조세 과장님, 어떻게 할까요? 약속시간을 지켜드려야 할 것 같은데…….

이조세 과장: 그래요? 벌써? 오늘 상담은 무척 유익하군요. 어쩌면 내 업무의 중요한 부분일 수 있다는 생각이 드는군요. 계속합시다. 아까 한 질문에 대한 답으로는…….

김 대리는 이조세 과장의 답을 메모하면서 경청한다.

이조세 과장: 그런데 그러한 사무기기는 가격이 꽤나 비싸겠군요?

김 대리: 그렇지 않습니다. 이번에 저희 회사가 특별판매 조건으로……. (하면서 다시 예전의 영업상담 스타일이 나온다. 김 대리는 열심히 판매조건 가격할인, 결제방법 등등을 이야기한다.)

이야기를 다 듣고 난 다음 이조세 과장은 "그럼 다음에 올때 그 사무기기에 대한 견적서를 가져오시기 바랍니다. 적극적으로 검토를 하도록 하지요."라고 대답한다. 김 대리는 이조세 과장과의 다음 상담 날짜를 약속하고 일어나 밖으로 나온다. 상담이 잘 되었고 좋은 결과가 기대되는데 한편으로는 뭔가 미심쩍은 부분이 있는 것 같은 느낌이 든다. 고객과의 상담을 마치고 이러한 느낌이 드는 것도 처음이다. "이조세 과장이 충분히 자신의 이야기를 하도록 하는 데는 나름대로 성공한 것 같은데……." 김 대리는 이조세과장과의 상담내용을 정리해 본다. "1) 영업사원들이 자료를 준비하는 데 시간을 줄이고 싶다. 이것은 문제해결 니즈 같고, 2) 그러면 영업에서 좋은 결과가 나올 것이다. – 경영 니즈이며, 3) 그러한 기능이 있는 사무기기가 있는가? 있다면 검토를 하겠다. – 상품 니즈인 것 같은데……. 그럼 다음에 내가 할 일은? 견적서를 가져다주는 것? 계약을 하는 데 어느 정도 성공 가능성이 있을까? 이조세 과장은 분명하게 자신의 니즈를 이야기하였는가? 그런 것 같은데……. 그럼 왜 '구매를 하고 싶다'가 아니고 '검토를 하겠다'는 것인가? 늘 고객들이 하는 말이 아닌가? 내가 설명한 것은? 새로운 판매조건! 상품의 기능과 특징에 대한 설명은?"

김 대리는 자신이 영업상담을 한 후 이렇게 스스로에게 질문을 던지면서 상담 내용을 검토한 경험이 없다. 참으로 신기한 일이다. 그러면서 뭔가 아직 부족하다는 느낌이 든다. 그렇지만 오늘 상담은 꽤나 성공적이었다. 그동안 몇 번의 만남과는 달리 상담내용과 분위기가 무척 진지하였다. 그리고 조금의 의문이 들기는 하지만, 그래도 한 건의 상담을 성공할 수 있을 것이라는 생각이 든다. 질문이 가진 힘을 새삼 느꼈다. 비즈니스 코치와 이야기할 때는 다만 그러한 것은 이상적인 것이 아닌가 하는 의문이 들기도 했지만 오늘 직접 활용해 본 결과는 김 대리가 생각하고 있었던 것보다 훨씬 효과적이었다. 아무튼 일방적인 설명과 밀어붙이기 식의 영업상담에서 이제 벗어나야겠다는 결심을 한다.

김 대리는 사무실에 도착하여 오후시간 내내 신중하게 견적서 작업을 한다. 이조세 과장과는 모레 만나기로 하였지만 내일 지방 출장을 가야 하기 때문에 오늘 견적서를 완성해 놓아야 한다.

이틀 후 김 대리는 견적서를 들고 이조세 과장을 방문한다. 이조세 과장은 견적서에 나온 상품의 기능에 대해 이것저것 물어보면서 거래 조건 중 몇 가지를 바꾸고자 한다. 김 대리는 이조세 과장의 요구 대부분을 수용한다. 이조세 과장은 다음 주까지 결정을 하겠다고 한다. 김 대리는 좋은 결정을 기대하겠다고 하면서 인사를 하고 밖으로 나온다. 김 대리는 좋은 성과를 기대하면서 내일 비즈니스 코치를 만나 무엇이 문제인가를 확인해야겠다는 결심을 한다.

달인 비법 4_ 고객의 니즈를 만족시키는 무기

제6장 달인 비법 4_ 고객의 니즈를 만족시키는 무기

오늘은 비즈니스 코치를 만나는 날이다. 그런데 날씨가 금방 비가 올 듯하다. 김 대리는 서둘러 공원으로 간다. 그리고 비가 오면 비를 피하고 이야기를 나눌 수 있는 근처의 몇몇 장소를 알아본다. 그리고 난 후 김 대리는 공원으로 들어선다. 저 멀리 비즈니스 코치가 앉아 있는 모습이 보인다. 김 대리는 반가운 마음에 서둘러 비즈니스 코치에게 다가가 반갑게 인사를 한다. 비즈니스 코치도 김 대리를 반갑게 맞이한다.

김 대리: 금방이라도 비가 올 것 같습니다. 오늘도 제가 여쭈어 볼 것이 있습니다. 괜찮으시면 장소를 옮겼으면 합니다. 비즈니스 코치는 김 대리를 말없이 쳐다본다. 그러자 김 대리는 "근처 커피숍으로 가시겠습니까? 아니면 이 근처에 알

고 계시는 장소가 있으시면 그곳으로라도…….

비즈니스 코치: 글쎄요. 아는 곳이 없는데……. (망설인다.)

김 대리: 제가 알아보니까 근처에 조용한 카페가 있더군요. 음
악도 좋고 이야기하기 적당한 장소 같은데……. (비즈니스 코
치는 고개를 끄덕인다. 두 사람은 자리에서 일어나 공원을 바라볼 수
있는 카페로 자리를 옮긴다.)

김 대리: (자리에 앉자 김 대리는 성급하게 말을 꺼낸다.) 지난번 대화
는 아주 유익했습니다. 제게 큰 도움이 되었습니다. 그래서
그동안의 이야기를 해드리고 무엇이 문제인지 알고 싶습니
다. (하면서 김 대리는 지난번 이조세 과장과의 상담 내용과 그 후의
진행사항을 이야기한다. 비즈니스 코치는 조용한 미소를 지으며 김 대
리의 이야기를 흥미진진하게 듣는다. 간간이 웃음을 지으면서…….)

김 대리: 지금까지의 제 행동에서 무엇이 문제입니까? 왜 이조
세 과장은 그러한 반응을 보인 것인가요?

비즈니스 코치: (웃으며) 아주 훌륭합니다. 제가 기대한 이상으
로 적용을 잘하셨습니다. 먼저 그러한 김 대리의 노력에 감
사와 격려를 보내 주고 싶군요. 그럼 하나씩 알아보도록 할
까요? 먼저 김 대리가 던진 질문은 아주 효과적이었습니다.
그런데 첫 번째 질문에 대한 이조세 과장의 답을 듣고서 왜
마무리하지 않았지요?

김 대리: 그다음 질문이 있어서……. 그게 중요한가요?

비즈니스 코치: 중요하지요. 김 대리는 이조세 과장의 첫 번째

대답이 니즈라고 생각을 합니까?

김 대리: 예! 분명히 니즈이지요. 영업사원들이 고객에게 제출할 자료를 준비하는 시간을 줄임으로써 여유 있는 상담과 상담의 좋은 결과……. 분명히 니즈라고 생각합니다.

비즈니스 코치: 니즈 맞습니다. 그것도 이조세 과장 자신이 문제 해결 니즈, 상품 니즈, 경영 니즈까지 이야기한 것이지요.

김 대리: 예, 저도 그렇게 생각합니다.

비즈니스 코치: 그다음 김 대리가 한 일은?

김 대리: 그다음 질문을 하고 잘 듣기 위해 노력하였지요.

비즈니스 코치: 여기서 기억해야 할 것은 고객과 상담을 하면서 고객이 니즈를 말하였을 때는 곧바로 그 니즈를 충족시켜 준 후 다른 니즈로 넘어가야 한다는 것입니다. 이것을 꼭 기억하시기 바랍니다. 그리고 이조세 과장이 '정말 그러한 상품이 있느냐? 가격이 꽤 비쌀 것 같다.'는 말을 했을 때 김 대리는 어떻게 대응했습니까?

김 대리: (잠시 망설인다. 자신도 이 부분에서 실수를 한 것 같다는 생각이 든다.) 그때는…… 사실 이조세 과장의 가격이 비싸다는 말을 제가 너무 심각하게 받아들였습니다. 그래서 회사의 판매조건을 이야기한 것이죠. 그리고 이조세 과장의 몇 가지 요구 사항을 들어준 것이고…….

비즈니스 코치: 제가 볼 때는 이 부분에서 김 대리가 다시 예전의 영업 스타일로 돌아간 것 같군요. 물론 고객이 그러한 이

야기를 하면 영업사원은 긴장을 하지요. 혹 가격 때문에 고객이 구매하지 않으면 어쩌나 하는 생각을 하지요. 그래서 성급하게 고객이 좋아할 이야기를 하는 것이지요.

김 대리: 그럼 어떻게 합니까? 그런 말을 하지 않으면 고객이 흥미를 잃거나 상담을 지속할 수 없을 것 같은데…….

비즈니스 코치: 그럼 그러한 말을 들은 이조세 과장은 결정을 했나요? 그런 말을 한 김 대리는 계약에 성공했나요?

김 대리: 그건…….

비즈니스 코치: 여기서 기억해야 할 것은 두 번째 영업의 무기와 협상의 무기를 구분할 수 있어야 한다는 것입니다.

김 대리: 영업의 무기와 협상의 무기라고요?

비즈니스 코치: 예, 영업에는 이 두 가지 무기가 있지요. 그런데 대부분의 영업사원들은 이 두 가지를 구분하지 못합니다. 그러니까 뒤죽박죽이지요.

김 대리: 그게 무엇입니까?

비즈니스 코치: 이야기할 테니 서두르지 마십시오. 서두르면 내가 자세히 설명을 할 수 없을지도 모르니까요. 먼저 영업과 협상의 관계를 알아보도록 합시다. 김 대리는 협상의 시기가 언제라고 생각합니까?

김 대리: 협상의 시기요? 글쎄요? 영업을 하면서 자연스레 협상을 하는 것 아닌가요?

비즈니스 코치: 그럼 한 가지 더 질문을 하지요. 협상의 내용은

무엇입니까?

김 대리: 협상의 내용이라……. 그것은 가격, 결제조건, 배송, 등등이 아닌가요?

비즈니스 코치: 맞습니다. 그럼 아까 김 대리의 이야기에서 이 조세 과장에게 이야기한 거래조건들을 무엇입니까?

김 대리: 그것은…… 협상의 조건들이네요. 그런데 그러한 것을 말하지 않으면 고객은 관심을 갖지 않기 때문에…….

비즈니스 코치: 이해는 합니다. 그렇지만 그래서 영업사원들이 영업에 실패를 하는 것이지요. 여기서 실패는 계약을 하지 못하는 것이 아니라 계약의 내용들이 더 많은 이익을 남길 수 있는데 그렇지 못하다는 것입니다. 분명히 이해해야 할 것은 협상의 무기가 영업의 무기가 되어서는 안 된다는 것입니다.

김 대리: 그럼 어떻게 해야 합니까?

비즈니스 코치: 영업사원들이 일반적으로 고객을 설득하는 데 사용하는 거래의 조건들은 영업의 무기가 아니고 협상의 무기입니다. 그리고 협상은 영업상담에서 고객의 구매약속을 받아 내지 못했을 때, 즉 영업의 무기로 고객을 설득하는 데 실패했을 때, 또는 영업상담에서는 성공을 하였는데 고객이 다른 조건을 갖고 나올 때 시작하는 것이 협상입니다.

여기서 영업의 무기는 고객의 니즈와 그 니즈를 채워 줄 수 있는 상품의 특성, 특징, 사실(객관적인 것)들 그리고 증거들

과 고객이 얻는 이익들입니다. 협상의 무기는 앞에서 이야기
한 거래의 조건들이지요. 따라서 영업의 무기를 효과적으로
활용해 고객을 설득하는 데 성공하였다면 협상으로 진행되
지 않거나 협상을 하더라도 좀 더 나은 조건으로 계약할 수
있는 것입니다. 이 관계에 대해 이해가 됩나까?

김 대리: 예, 하지만 거래조건을 이야기하지 않고서는…….

비즈니스 코치: 이해합니다. 그래서 오늘 우리가 대화를 나누
는 것이지요. 다시 한 번 강조하지만 영업상담이 성공을 하
면 협상은 없거나 있더라도 쉬워진다는 것을 기억하시기 바
랍니다. 그럼 영업의 무기에 대해 알아봅시다. 영업의 무기
는 고객의 니즈를 충족시켜 주는 것들이지요. 물론 고객의
구매동기가 거래의 조건이라고 생각할 수 있지만 거래 조건
의 문제는 고객의 니즈가 아니고 거래를 위한 고객의 상황
입니다. 이 상황은 고객이 스스로 해결을 해야 하는 것입니
다. 고객이 자신의 니즈(업무문제 해결과 그 이익 - 경영상의 목표
달성)를 충족하는 것의 가치를 확실하게 안다면 상황의 문제
는 고객이 알아서 해결해야 하고 그것이 안 되면 거래를 포
기하거나 협상을 하고자 하는 것이지요. 고객이 얻는 이익이
확실하고 크고 절대적인 것으로 인식하도록 만들었다면 영
업의 무기를 성공적으로 사용한 것입니다. 여기서 고객이 자
신의 상황을 스스로 해결할 수 없다면 거래 조건을 갖고 협
상을 하고자 한다는 것입니다.

김 대리: 그럼 영업의 무기는 어떠한 것이 있습니까?

비즈니스 코치: 영업의 무기는 다음과 같지요.

상품의 특성, 사실	회사의 특성, 사실	영업사원의 능력
기술수준	회사의 위치	지식
품질	구성원의 수준	지혜
고유한 기능	문제 해결 능력	경험
차별화된 기능	보유기술 수준	네트워크
재료의 특성 등	서비스 시스템 등	창의성 등

=→ 위의 내용들이 해결할 수 있는 고객업무상의 문제?
=→ 해결해 온 문제들?
=→ 문제 해결을 통해 고객이 얻는/얻을 수 있는 이익?
=→ 그것들에 대한 증거, 사례들?

위의 도표에 나온 것들이 영업의 무기이지요. 여기에 각 사실들에 대한 증거자료와 각 사실들이 고객에게 주는 이익, 즉 각 사실들이 어떻게 고객의 문제를 해결하고 욕구를 충족시켜 줄 수 있으며 그 결과 고객이 얻을 수 있는 이익들이 영업의 무기입니다. 김 대리가 판매하려는 상품을 갖고 구체적으로 알아보도록 합시다. 김 대리가 판매하는 상품은 최신 사무기기이지요?

김 대리: 그렇습니다.

비즈니스 코치: 그럼 그 사무기기의 장점/특성 중 하나는 무엇입니까?

김 대리: 컴퓨터에서 작업한 많은 양의 내용을 동시에 출력할

수 있는 것입니다. 출력을 해서 필요한 양을 복사하는 것보다 시간이 배 이상 빠르지요.

비즈니스 코치: 그것은 그 상품이 가진 기술적인 특징이군요. 그것에 따른 증거자료는?

김 대리: 증거자료요? 제품의 안내서에 사양이 나와 있고, 직접 시연을 하면 알 수 있는 것인데…….

비즈니스 코치: 그럼 그것이 증거이군요. 이러한 증거자료는 그 상품이 제공하는 이익, 즉 고객이 얻는 이익에 대한 확실한 증거가 되는군요. 그럼 그러한 특성들로 인해 그 상품을 사용하는 고객이 얻는 이익은?

김 대리: 필요한 자료를 준비하는 데 시간을 절약하는 것이지요. 보통의 작업보다 20% 정도 줄어듭니다.

비즈니스 코치: 그것이 고객이 얻을 수 있는 이익(업무상의 문제해결 - 준비시간 단축 / 더 많은 고객과 상담 가능 / 영업활동시간 관리 / 신속한 고객 요구 대응 등과 경영상의 이익 - 성과향상)이군요. 자, 그럼 앞에서 이야기한 이조세 과장과의 상담을 생각해 봅시다. 김 대리의 첫 번째 질문에서 이조세 과장은 영업사원들이 고객에게 제공할 자료를 준비하는 데 시간이 많이 걸리고 이 준비시간을 줄이고 싶어 합니다. 이것은 이조세 과장이 가진 니즈입니다. 특히 문제해결 니즈이지요. 이 업무 니즈가 이조세 과장에게 주는 이익은?

김 대리: 그것은 영업사원이 자료를 준비하는 시간을 절약시키

고, 따라서 영업사원이 허둥지둥하면서 고객을 만나러 가지 않아도 되는 것입니다.

비즈니스 코치: 그래서 이조세 과장의 기업이 얻을 수 있는 경영상의 이익은?

김 대리: 영업사원이 여유 있게 상담을 하고, 따라서 영업의 성과가 향상될 수 있는 것이지요.

비즈니스 코치: 제대로 알고 있군요. 그래서 이조세 과장이 영업사원의 준비 시간에 대한 니즈-문제해결 니즈, 여유 있게 상담을 해 영업의 성과가 향상된다.-경영 니즈를 알았다면, 다음 단계로는 다른 질문을 하지 않고 이러한 상품의 특성과 문제해결 내용 그리고 그것을 통해 이조세 과장 회사가 얻을 수 있는 이익을 고객에게 이야기해 하나의 니즈를 완전히 충족시킨 후 다음 질문으로 넘어가는 것이 좋습니다. 김 대리는 니즈는 끌어냈는데 그것을 해결하지 않고 다음 질문으로 넘어갔고, 그러한 과정 중 고객이 가격에 대한 불안을 이야기하자 김 대리는 곧바로 거래 조건(가격할인, 결제조건 등)을 설명하였죠?

김 대리: 그렇습니다. 그것이 무슨 문제인가요?

비즈니스 코치: 서두에서도 말했듯이 고객은 자신의 문제를 해결할 수 있다는 확신이 들면 거래조건보다는 그 문제를 해결해서 얻을 수 있는 이익에 더 관심이 많지요. 어쩌면 거래조건은 별 문제가 안 될 수도 있다는 것입니다. 이조세 과장

은 김 대리와의 상담을 통해 문제를 해결할 수 있는 방법을 알기는 했지만 아직 확신이 서 있지 않은 상태에서 김 대리가 거래조건을 이야기하니까 이조세 과장의 관심은 구입의 이익이 아니라 거래 조건으로 넘어간 것입니다. 김 대리가 상품의 특성을 가지고 질문을 유도하여 이조세 과장의 니즈를 끌어냈지만 그 니즈의 해결책을 확신 있게 전달하지 못한 것입니다.

이조세 과장이 자신의 결정으로 새로운 사무기기를 도입했을 때 얻을 수 있는 이익을 명확하게 보여 주었다면, 그리고 이조세 과장 입장에서 그 이익이 절대적으로 필요하다면 구입을 결정합니다. 그렇지요?

김 대리: 그럴 겁니다.

비즈니스 코치: 이조세 과장은 그 필요성을 인식하고 구입을 위한 절차로 가격이나 결제조건을 물어보고, 김 대리의 답을 들은 후 수용이 가능한지를 판단할 것입니다. 그 결과 수용이 어려우면 가격할인이나 유리한 결제조건을 묻겠지요. 여기서 영업사원이 중요한 역할을 합니다.

김 대리: 어떤 역할이죠?

비즈니스 코치: 기업은 영업사원이 고객과 거래를 하면서 가능한 한 자사에 유리한 조건으로 계약을 하기 바랍니다. 상품을 판매하는 것만큼 계약의 내용도 중요한 것이라는 말입니다. 따라서 이조세 과장이 가격을 부담스러워한다고 곧바로

가격할인 문제로 들어가는 것이 아니고 이조세 과장과 기업이 얻는 이익을 더욱 강조해 가격문제는 그렇게 중요하지 않음을 강조할 필요가 있습니다. 그 후 이조세 과장이 그것을 수용하면 굳이 가격할인을 하지 않고도 계약을 할 수 있을 겁니다. 그런데 이조세 과장이 계속 가격할인을 요구하면 그 요구를 해결하는 상담을 합니다. 이것이 협상이라는 것이지요. 김 대리는 협상이 무엇이라고 생각합니까?

김 대리: 협상요?

비즈니스 코치: 협상은 상호 이익이 되는 구체적인 목표달성을 위해 입장이 다른 당사자 간에 합의를 이끌어 내는 커뮤니케이션과 그 과정입니다. 그리고 협상에서 지켜야 할 중요한 것은 절대로 먼저, 그리고 어떤 것과의 교환도 없이 양보해서는 안 된다는 것입니다. 협상의 가장 중요한 자세는 하나를 주면 하나를 얻어 내는 것입니다. 이조세 과장이 계속 가격을 갖고 이야기를 하면 가결할인을 해 주는 대신 다른 무엇인가 - 예를 들어 현금결제 - 를 얻어 내는 것이죠. 여기서 김 대리가 미리 거래조건 - 가격할인과 결제조건 - 을 이야기하였기 때문에 김 대리의 협상능력이 떨어진 것입니다. 이것이 협상의 무기들임을 명심하시기 바랍니다. 협상은 우리의 주제가 아니니까 여기까지만 이야기하기로 하고 다시 영업의 무기로 돌아갑시다.

김 대리: 그렇군요. 제가 너무 성급했던 것 같군요. 그럼 영업의

무기는 어떻게 개발을 하고 활용할 수 있는 것입니까?

비즈니스 코치: 영업의 무기 중 상품의 특성 또는 사실은 상품을 소개하는 카탈로그나 안내자료에 대부분 다 나와 있을 것입니다. 김 대리는 그러한 내용들이 고객의 어떠한 상황에 필요한 것이고 그 결과 고객이 얻는 이익이 구체적으로 어떠한 것인가를 정리하고, 그 이익에 대해 고객이 과연 '내가 그것을 어떻게 믿습니까?'라는 질문에 대답을 할 수 있는 증거자료를 확보하면 됩니다. 회사가 가진 특성과 사실들은 김 대리가 고민을 해서 찾아야겠지요. 개인적인 무기도 마찬가지이고요. 그러한 무기들 모두가 김 대리의 가방에 늘 들어 있어야 합니다.

김 대리: 왜죠?

비즈니스 코치: 왜냐하면 고객을 이기기 위해 어떤 무기를 사용할지는 상담을 통해 나오니까요. 또 김 대리가 추측한 고객의 니즈와 고객이 말하는 니즈가 같을 경우가 드무니까요. 다시 한 번 강조하지만 고객은 자신의 니즈에 맞는 해결책에만 관심이 있습니다. 고객의 니즈를 발견하기 전에 무기를 함부로 - 특히 협상의 무기 - 사용하면 불리한 조건의 거래를 할 수 있다는 것을 명심하시기 바랍니다. 자! 내가 영업무기를 개발하는 시트를 하나 드리지요. 이 시트를 각 상품별로 작성해 보시기 바랍니다. 물론 회사와 개인적인 무기도 같이 작성을 하고 그 내용을 완벽하게 기억하시기 바랍니다.

그리고 그 작업이 끝나면 고객에게 던질 질문을 준비하면서 무기의 사실과 이익을 끌어내어 고객의 니즈로 만드는 질문을 만들어 보세요. 이조세 과장과의 상담에 대비해 김 대리가 준비한 질문과 같이⋯⋯.

비즈니스 코치는 김 대리에게 다음의 표가 있는 시트를 준다.

상품명			
특성, 사실, 장점	문제 해결과 고객이 얻는 이익	증거	유용한 질문

김 대리: 알겠습니다. 그런데 고객을 설득할 때는 어떻게 하는 것이 좋습니까?

비즈니스 코치: 고객의 니즈를 찾아내고, 그 니즈를 충족시켜

줄 수 있는 무기의 준비가 완료되면 그것을 논리적으로 전

개하는 것이지요. 물론 설득의 원칙은 있습니다. 그 원칙도

이제까지의 대화에서 나온 것입니다. 오늘은 설득을 하는 방

법까지 알아보도록 합시다. 시간이 괜찮은가요?

김 대리: (시계를 보고) 예! 좋습니다. 코치님과의 대화라면 충분

한 시간이 있습니다. ('없더라도 시간을 내야겠지요!' 하면서 김 대

리는 비즈니스 코치를 보고 미소를 짓는다.)

달인 비법 5_ 고객을 설득하라

제7장 **달인** 비법 5_ 고객을 설득하라

잠시 쉬는 동안 김 대리는 비즈니스 코치가 건네준 시트에 최근에 회사에서 개발해 판매하고 있는 상품에 대한 내용을 적는다. 중간 중간 김 대리는 자신이 기록한 내용을 비즈니스 코치에게 보여 주고, 비즈니스 코치는 검토를 하고 질문을 한다. 그때마다 김 대리는 자신이 얼마나 안일하게 영업을 해 왔는지, 그리고 앞으로 어떻게 영업을 해야 하는지, 지금 앞에 앉아 있는 비즈니스 코치의 코칭 내용대로 무장을 한 자신의 모습과 상담을 성공적으로 진행하는 자신의 모습을 그려본다. 물론 그 결과도……

비즈니스 코치: 김 대리는 자신이 설득을 잘한다고 생각합니까?
김 대리: (고개를 들며) 글쎄요. 썩 잘한다고는…….
비즈니스 코치: 영업사원들이 말하기를 영업을 잘하기 위해서

Sales Master Series 1

는 말을 잘해야 한다고 하는데 이제 그 말을 잘하는 방법을 알아보도록 합시다.

김 대리: (자세를 고쳐 앉으며) 정말 그런 방법이 있나요?

비즈니스 코치: 물론입니다. 그러기 위해서 먼저 알아 두어야 할 것이 몇 가지 있지요. 김 대리는 영업상담, 즉 상담 커뮤니케이션의 목적이 무엇이라고 생각합니까?

김 대리: 상담 커뮤니케이션의 목적? 그것은 고객을 설득하는 것 아닙니까?

비즈니스 코치: 그렇지요. 그럼 왜 설득이 어려울까요?

김 대리: 그건…… 말을 잘하지 못하기 때문이 아닌가요?

비즈니스 코치: 그럼 지금 김 대리가 나를 설득해 보십시오. 우선 상황을 가정해 봅시다. 나는 김 대리의 친구입니다. 김 대리는 나와 함께 영화를 보려고 합니다. 그런데 나는 영화 보는 것을 별로 좋아하지 않습니다. 반드시 나하고만 김 대리가 보고 싶은 영화를 볼 수 있습니다. 나를 설득해 보세요.

김 대리: (웃으며) 어떻게……. (망설인다.) 내가 보고 싶은 영화가 있는데 반드시 너와 함께 보아야 한다. 내가 영화를 얼마나 좋아하는지 잘 알지 않느냐? 지금 출발을 해야 한다. 이런 내용으로…….

비즈니스 코치: 난 영화 보는 것이 싫어! 영화가 보고 싶지 않아!

김 대리: ……. 그러지 말고 한번 보러 가자. 진짜 재미있는 영화야! 내가 얼마나 기다리던 영화인데…….

비즈니스 코치: (웃으면서) 그만합시다. 애절하군요. 자, 지금 김 대리가 나를 설득하려고 했을 때 이야기의 중심이 누구였나요?

김 대리: (생각을 하며) 제 중심이었던 것 같은데…….

비즈니스 코치: 또 다른 상황입니다. 오늘 우리가 이야기를 마치고 내가 저녁을 사기로 해서 식당에 갑니다. 김 대리도 좋다고 했습니다. 그래서 이야기를 마치고 식당에 가는데 나는 고깃집으로 들어가려 합니다. 그때 김 대리는 나를 불러 세우며 '회를 먹는 것 아닌가요?'라고 말합니다. 그래서 우리 둘은 무엇을 먹을 것인지 한참을 이야기합니다. 이러한 상황은 왜 발생했을까요?

김 대리: 글쎄요. 아마도 서로가 좋아하는 메뉴가 달라서가 아닙니까?

비즈니스 코치: 맞습니다. 이 상황에서 동일한 식사라는 것을 두고 서로가 생각한 메뉴가 달랐던 것이지요. 제가 던진 식사라는 메시지와 김 대리가 생각한 식사라는 해석에 차이가 있었던 것이지요. 자! 그럼 이 두 상황에서 어떻게 하면 상대방을 설득할 수 있을까요?

김 대리: …….

비즈니스 코치: 김 대리는 설득을 하는 것이 이익이라고 생각하세요? 아니면 설득을 당하는 것이 이익이라고 생각하세요?

김 대리: 그건 당연히 설득을 하는 쪽이 이익이…….

비즈니스 코치: 그럼 설득을 당하는 쪽은? 내가 상대방이 원하는

것을 하면 손해를 보는 것이 명확한데도 설득을 당할까요?

김 대리: 아니겠죠.

비즈니스 코치: 설득은 자신이 원하는 것을 상대방이 하도록 하
는 커뮤니케이션의 과정이지요. 그럼 상대 입장에서 생각해
봅시다. 내가 김 대리와 영화를 보고, 김 대리가 원하는 메뉴인
회를 먹는 것으로 양보하거나 설득을 당하는 것은 왜일까요?

김 대리: 뭔가 기대하는 것이 있기 때문에…….

비즈니스 코치: 빙고. 정답입니다. 상대가 누구든 설득을 하기
위해서는 1) 자기 중심이 아닌 상대 중심으로 이야기할 것.
2) 상대가 나와는 다른 해석을 하지 않도록 명확하고 구체적
이며, 상대가 쉽게 이해하도록 이야기할 것. 3) 상대가 내가
원하는 행동을 하기 바란다면 그 행동을 했을 때 상대가 얻
는 이익(상대방이 원하는 이익, 그리고 그 이익을 제공할 수 있는 자
신의 능력/자격을 제시하면서)을 이야기할 것. 이 세 가지를 기
억하기 바랍니다.

김 대리: 그렇군요. 그렇지 못해서 설득이 어려웠던 것이군요.

비즈니스 코치: 우리는 대부분 이러한 상황에서 양보를 하거나
타협을 하지요. 하지만 영업에서 양보 또는 타협은 신중하게
선택하여야 합니다. 특히 고객은 영업사원을 위해 양보 또는
타협을 하지 않습니다. 그렇지요?

김 대리: 맞습니다. 하지만 영업을 하면서 양보 또는 타협을
하는데…….

비즈니스 코치: 그건 영업사원이 하는 것이지 고객이 하는 것
은 아니죠. 그리고 그것은 영업과정이 아니고 협상과정입니
다. 영업을 제대로 하였다면 협상으로 가지 않습니다. 지금
우리가 이야기한 설득의 세 가지 요소를 영업상담과 연관
지어 생각해 봅시다. 어떤 관계가 있는 것 같습니까?

김 대리: 예. 첫째 상대 중심으로 이야기하면서 질문을 통해
고객이 자신의 상황을 파악하고 니즈를 갖도록 하는 것. 둘
째 오해의 소지가 없도록 메시지를 명확하게 할 것. 셋째 상
대의 이익을 강조하는 것과 관련하여 고객이 얻는 이익을
중심으로 이야기하면서 구체적인 증거를 활용할 것. 이 세
가지와 연결이 되는 것 같습니다.

비즈니스 코치: 그럼 설득을 위한 준비는 끝났군요.

김 대리: 예! (잠시 생각을 하며 문득 깨달은 듯) 그렇군요. 어느새
고객을 설득하기 위한 준비가 끝났네요!

비즈니스 코치: 그럼 그러한 준비를 어떻게 구성해야 하는지
알아보도록 합시다. 설득의 구조는 다음과 같습니다.

김 대리: (그림을 보면서) 복잡하군요!

비즈니스 코치: 처음에 이것을 보면 모두들 그런 생각을 하지요. 하지만 이것은 논리적인 구조이죠. 그 내용들은 이미 파악을 끝냈습니다. 이제 그것들을 연결하는 작업만 하면 됩니다. 중요한 것은 이 흐름을 기억해야 한다는 것입니다. 이조세 과장과의 상담을 연결해 볼까요?

1) 니즈 확인: 이것은 고객이 자신의 입으로 말한 니즈를 반복하는 것입니다. "이조세 과장님께서 말씀하신 대로 영업사원들이 고객에게 제출할 자료를 준비하는 시간을 절약하는 것은 매우 중요합니다."

2) 사실, 특징, 장점 강조: 김 대리가 이조세 과장에게 판매하고자 하는 상품의 특성을 이야기하는 것입니다. "이조세 과장님의 말씀대로 이번에 저희 회사가 개발한 제품은 ○○○한 기술적인 특징이 있어 영업사원의 영업준비 시간을 ○○만큼 줄일 수 있습니다."

3) 문제 해결과 이익: 이는 고객이 말한 이익, 특히 업무이익을 강조하는 것입니다. "따라서 이 사무기기를 사용함으로써 영업사원들이 자료를 준비하느라 허둥대지 않고, 여유 있게 준비를 하고 고객을 만날 수 있다는 것입니다."

4) 증거: 이익에 대한 증거를 보여 주는 것입니다. 가능하다면 시연도 좋겠지요. "이조세 과장님, ○○○ 자료를 보십시오. 기존 사무기기와 새로운 사무기기를 활용해 자료를 준비하는 데 걸리는 시간을 비교해 보면 그 차이를

알 수 있습니다."

5) **최종이익:** 이 단계에서는 고객의 감성을 자극하는 것으로 기업고객의 경우 경영이익을 강조합니다. "과장님, 영업사원들이 자료 준비에 시간을 절약하고 여유를 갖고 상담을 진행해 영업 성과가 올라가는 모습을 상상해 보십시오. 기존보다 ○○만큼의 영업이익이 올라갈 것입니다."

6) **확인:** 여기서는 김 대리의 설득을 고객이 이해하였는지, 동의하는지 확인하는 것입니다. "이조세 과장님, 어떻습니까?"

이런 식으로 설득의 프로세스를 맞추어 메시지를 전하는 것입니다.

김 대리: 굉장히 논리적인 것 같군요.

비즈니스 코치: 여기서 이조세 과장이 '좋군요.'라고 말하면 김 대리가 이조세 과장의 한 가지 니즈를 만족시킨 것입니다. 그러면 다음 니즈를 찾는 질문으로 넘어가거나 다른 니즈가 없다면 상담을 마치는 질문을 던지는 것이지요.

김 대리: 그렇지만 여기서 고객이 가격을 묻거나 동의하지 않으면…….

비즈니스 코치: 고객이 가격을 묻는다면 아마도 관심이 있다는 것일 겁니다. 그러면 곧바로 가격이나 할인조건 또는 결제조건으로 들어가지 말고 정상가격을 말합니다. 그것에 대해 고객이 곤란해 한다면 다시 한 번 위의 설득 프로세스 중 최

종이익을 강조해 가격에 대한 부담을 줄여 봅니다. 그래도 가격이 문제라면 이제 협상으로 들어가는 것이지요.

김 대리: 고객이 동의하지 않는다는 것은 반대를 말하는 것인 가요?

비즈니스 코치: 중요한 지적입니다. 영업사원들이 만나는 고객 들은 구매기법과 협상기법 그리고 어떻게 하면 영업사원들 로부터 더 많은 것을 얻어 낼 것인가를 배우죠. 대부분의 영 업사원은 이러한 상황에서 당황하게 되며, 비즈니스 상담의 힘을 잃게 됩니다. 그래서 고객의 반대를 극복하는 기술이 필요합니다. 그것은 다음에 만나 알아보도록 합시다.

기억할 것은 고객을 설득하기 위해서 많은 준비를 해야 한 다는 것입니다. 우리가 알아본 지금까지의 것을 제대로만 실 행해 왔다면 설득을 하는 준비와 설득의 논리적인 구조를 활용할 수 있을 겁니다. 자 오늘도 많은 시간을 이야기한 것 같군요. 다음에 만날 때까지 김 대리도 잘 정리해서 활용하 시기 바랍니다. 연습과 실천만이 완벽함을 이루고 자신의 능 력으로 만들 수 있으니까요.

비즈니스 코치는 일어서서 김 대리와 악수를 하고 자리를 뜬다. 김 대리는 그대로 자리에 앉아 오늘 대화 내용을 정리 한다. 이제 영업의 바람직한 길이 보이는 것 같다. 고객을 만 나는 것도 이제 두려움이 아니라 그들을 기쁘게 해 줄 수 있고, 함께 좋은 비즈니스 파트너가 될 수 있을 것 같은 생각이 든다. 그러기 위해선 아직 김 대리 자신이 부족한 것이 많음을 느낀다. 그리고 다음번 비즈니스 코치를 만날 때까지 할 일이 많다는 것을 기억한다. 하지만 그러한 일들이 자신을 성장시킬 것이라는 것 또한 알고 있다. 김 대리는 이러한 일들이 자신을 힘들게 하기보다는 더 나은 자신의 미래를 위한 준비라는 생각이 든다. "준비된 자만이 성공할 수 있는 기회를 잡는다."라는 말이 떠오른다.

요즘 김 대리의 즐겁게 일하는 모습과 예전에 없던 유머, 자신감, 밝은 표정을 보고 다른 동료들이 궁금해하면서 이유를 묻는다. 김 대리는 그때마다 웃으면서 대답을 피한다. 비즈니스 코치와의 대화 내용을 말해 주고 자신이 얻은 이익을 공유하고 싶은데 그들이 잘 믿지 않을 것 같아 조금 기다리기로 했다. 성과로 보여 주고 나서 그 이야기를 하는 것이 훨씬 효과적일 것이라는 생각이 든다. 그리고 성과를 보여 주는 데도 자신이 있다. 얼마나 바라던 자신의 모습인가? 영업을 하면서 성과로 조직과 동료들의 인정을 받는다는 것! 그리고 그들에게 자신이 노하우를 전해 줄 수 있다는 것! 김 대리가 신이 나는 것은 당연한 것 아닌가?

이조세 과장으로부터 전화가 왔다. 한번 만나자고 한다. 최종 결정은 나지 않았지만 그 건에 대해 몇 가지 확인할 사항이 있다는 것이다. 김 대리는 내일 만나기로 약속을 하고 오늘 비즈니스 코치와의 대화 내용을 정리하면서 내일 이조세 과장과의 상담을 준비한다.

다음날 김 대리는 이조세 과장과 만나 상담을 한다.

이조세 과장: 그런데 김 대리님, 지난번 소개해 준 사무기기가 과연 우리 회사의 컴퓨터 시스템과 호환성이 있을까요? 제가 검토를 하던 중에 갑자기 그 생각이 들었는데 마침 전산 담당자가 출장 중이라 확인을 하지 못했습니다.

김 대리: 예, 과장님. 과장님 입장에서는 매우 중요한 사안입니다. 구입을 한 후 호환성에 문제가 생기면 안 되니까요. 그렇지 않아도 어제 전화를 받고 그 부분을 조사해 보았습니다. 과장님 회사의 시스템은 ○○○가 아닙니까?

이조세 과장: 그런데요.

김 대리: 그럼 아무 문제가 없습니다. 저희 회사도 ○○○시스템을 사용하고 있으니까요. 그 시스템에서 개발을 하였고 또 저희도 그 사무기기를 사용하고 있습니다. 따라서 기존 컴퓨터 시스템에서도 아무런 문제 없이 곧바로 사용할 수 있습니다. 이 또한 새로운 사무기기를 도입하여 사용법을 습득하는 데 소요되는 시간을 절약할 수 있는 것입니다. 그만큼 이 사무기기를 사용할 영업사원들의 시간을 절약하고 그 시간을 고객과의 상담에 투자할 수 있지요.

이조세 과장: 그래요. 그럼 그 문제는 해결이 되었고, 또 하나는 제가 영업사원들에게 물어본 결과 그들은 새로운 사무기기로 프린트한 자료의 선명도에 의문을 제기하는데…….

김 대리: 예. 그 사무기기를 직접 사용하는 사람들이 가질 수 있는 의문이지요. 저 역시도 처음에 그 사무기기가 개발되었을 때 그 부분을 염려하였습니다. 그런데 이것을 한번 보십시오. (김 대리는 자신이 어제 상담을 준비하면서 출력한 자료를 이조세 과장에게 보여 준다.) 이것은 어제 제가 오늘 상담을 준비하면서 출력한 자료입니다. 색이나 그림 등 선명도가 어떠신가요?

이조세 과장: (자료를 주의 깊게 살피며) 좋군요. 이 정도면 괜찮은 것 같은데…….

김 대리: 이 정도의 선명도로 출력된 자료를 들고 고객을 만나러 간다면 먼저 이 자료를 들고 가는 영업사원에게 자신감을 줄 것이고, 둘째는 그러한 자료를 읽고 검토하는 고객들이 보다 신속하게 의사결정을 하는 데 도움을 줄 것입니다. 그러면 당연히 영업 성과도 올라가고 회사의 경영도 좋아질 것입니다. 고객이 이조세 과장님 회사의 영업사원이 준비한 자료를 명료하게 이해하는 모습을 상상해 보십시오. 멋지지 않습니까?

이조세 과장: (다시 한 번 김 대리가 준비한 자료를 보면서 만족한 듯한 표정을 짓는다. 그러면서도 이조세 과장은 무엇인가 망설이는 눈치이다.)

김 대리: (재빨리 그것을 알아차리고는) 이조세 과장님! 그 밖에 또

궁금하시거나 의심이 드는 부분이 있습니까?

이조세 과장: (조심스럽게) 사실은 저나 우리 직원 중 한 명이 그 사무기기를 직접 사용해 볼 수 있었으면 하는데…… 얼마나 편리한지 직접 확인해 보고 싶어서…….

김 대리: 그래요? 당연합니다. 그 사무기기가 가진 가장 큰 장점 중 하나가 바로 사용의 편리성이죠. 그래서 시간이 절약되고 영업사원이 자료를 준비하는 데 시간을 빼앗기지 않고 고객과의 상담에 집중을 할 수 있는 것이지요. 그럼 이조세 과장님, 언제가 좋을까요? 저희 회사에서 고객들의 그러한 궁금증을 해소해 드리기 위해 전시실을 마련하였습니다. 언제든 편리한 시간에 오셔서 직접 사용해 보실 수 있습니다.

이조세 과장: 그래요? 그럼 퇴근 후에도 가능할까요? 사실 업무시간에는 시간을 내기가 어려워서…….

김 대리: 좋습니다. 말씀만 하시면 제가 안내를 해드리도록 하겠습니다.

이조세 과장: 그럼 오늘은 그렇고……. 내일 퇴근 후 직원 한 명과 함께 방문을 하도록 하지요. 8시쯤 될 것 같은데…….

김 대리: 알겠습니다. 그렇게 준비를 하고 기다리겠습니다. 그럼 내일 뵙도록 하겠습니다.

이조세 과장: 그러지요. 감사합니다.

김 대리는 이조세 과장과 상담을 마치고 밖으로 나온다.

마음이 뿌듯하다. 어제 준비한 대로 상담이 진행된 것 같다. 일단 이조세 과장이 궁금해하는 부분을 해결하였고, 또 내일 직접 회사의 전시실에 방문을 하겠다는 것이 아닌가? 그러면서도 김 대리는 지난번 상담에서 이러한 부분을 충분히 준비하고 이조세 과장에게 질문을 하고 설득을 하였다면 오늘과 같은 수고는 하지 않아도 되었을 것이라고 생각한다. "역시 비즈니스 코치의 말이 맞는군. 고객이 자신에게 이익이 된다고 믿으니 오히려 상담에 적극적이지 않은가? 자! 사무실로 돌아가 어제 나눈 비즈니스 코치와의 대화를 마저 정리하고 영업의 무기도 연구해서 개발을 해야지" 하고 다짐하면서 김 대리는 즐거운 마음으로 사무실로 발걸음을 향한다.

달인 비법 6_ 반대

극복과 종결

제8장 달인 비법6_ 반대 극복과 종결

오늘 김 대리는 이조세 과장의 자사 전시실 방문을 위한 준비로 바쁘다. 오늘 결과만 좋으면 계약이 될 것 같은 느낌이 든다. 지난번 상담에서 보여 준 이조세 과장의 반응을 봐서는 큰 문제가 없을 것이라는 생각이 든다. 추가적인 자료를 준비하고 시스템의 성능도 점검을 마쳤다.

오후 다른 직원들이 퇴근할 준비를 하는 가운데 김 대리는 이조세 과장과 상담을 하고 안내하는 자신의 모습을 상상하면서 상담과정과 내용을 준비하고 머릿속으로 되뇌어 본다. 드디어 이조세 과장이 직원 한 명과 함께 상담실로 들어온다. 반갑게 인사를 나눈 뒤 김 대리는 곧바로 두 사람을 전시실로 안내한다. 전시실에 도착한 이조세 과장과 직원은 꼼꼼하게 시스템을 살펴본다. 사양을 보고, 직접 작동을 해 보며 다양하게 테스트를 한다. 김 대리도 옆에서 친절하게 설

명을 해 준다. 이조세 과장과 직원은 새로운 제품의 성능에
만족해하는 것 같다. 둘이 서로 마주 보며 고개를 끄덕이는
것을 김 대리는 놓치지 않았다.

김 대리: 어떻습니까? 직접 사용해 보신 느낌은?

이조세 과장: 음…… 좋은 것 같군요. 프린팅 시간도 빠르고
또 컴퓨터에서 직접 출력을 하니까 선명도도 좋고……. (뭔
가 망설이는 눈치이다.)

김 대리: 그런데 뭐 마음에 걸리는 것이라도…….

이조세 과장: 지난번에 이야기한 것과 같이 이러한 사무기기는
가격이 만만치 않을 것 같은데……. 사실 이번 연도에는 예
산도 여유가 없고…….

김 대리: (문득 며칠 전 비즈니스 코치와 나눈 이야기가 떠오른다. 영업
의 무기와 협상의 무기……. 지금 이조세 과장이 말하는 가격은 협상
의 무기이고 협상으로 들어가자는 것 같은데……. 어떻게 하지?) 그
것은 지난번 제가 가격할인과 결제조건을 충분히 말씀드린
것 같은데……. 다시 한 번 설명을 드릴까요?

이조세 과장: 그랬죠. 그럼 그 자료를 보면 알겠군요. 그리고
또 한 가지…….

김 대리: 또 어떤 것이 마음에 걸리시는지요?

이조세 과장: (함께 온 직원을 바라보며) 영업부 직원들이 가장 신
경을 쓰는 것 중 하나가 '고장이 났을 때 AS가 얼마나 신속

하게 이루어지느냐'라고 했죠? 어때요? 김 대리님, 이것은 새로운 제품이고, 그러면 아직 서비스 요원의 양성이 이루어지지 않은 것은 아닌지? 고장이 났을 때 빨리 조치가 이루어지지 않으면 곤란한데…….

김 대리: 당연합니다. AS는 중요한 것이지요. 그래서 저희 회사는 이번에 새로운 서비스 시스템을 구축해 가동하고 있습니다. 이것을 보시기 바랍니다. 저희가 이번에 구축한 서비스 시스템의 신속성이 다른 회사의 신속성과 비교해 나와 있습니다. (김 대리는 자료를 보여 주면서 설명을 한다.) 그래서 사무기기에 이상이 있을 때 1시간 이내로 서비스 요원이 도착하고 만일 고장의 정도가 심할 경우 고장을 수리하는 동안 업무에 지장을 받지 않도록 임시로 다른 사무기기로 대체를 해드립니다. 따라서 제품의 고장으로 업무에 지장을 받는 시간을 최대한 줄일 수 있습니다.

이조세 과장: (이조세 과장과 직원은 김 대리가 보여 준 자료를 주의 깊게 살피면서 고개를 끄덕인다.) 오늘 좋은 시간을 보냈습니다. 내일 회사로 가서 지난번에 준 자료와 함께 검토해 보고 연락을 드리지요. 고맙습니다.

이조세 과장과 직원은 김 대리에게 인사를 하고 떠난다. 김 대리도 좋은 소식을 기다리겠노라고 하면서 인사를 한다. 김 대리는 또 며칠 동안 고객의 결정을 기다려야 하는 데 대해 실망감을 갖는다. 이조세 과장이 가격에 계속 신경을 쓰는 것 같은데 자신이 명확하게 그 문제를 해결해 준 것 같지 않다. 고객이 반대를 하거나 결정을 뒤로 미루는 것에 영업사원들은 지친다. 어떻게 고객의 반대를 극복하고 의사결정을 촉구할 수 있을까? 그 문제만 해결되었으면 오늘 좋은 이야기를 들을 수 있었을 텐데……. '내일 상사와 이야기를 해서 새로운 가격과 결제조건을 준비해야 하는가?' 하면서 김 대리도 퇴근 준비를 한다.

다음날 김 대리는 비즈니스 코치를 만나는 날이라는 것을 잊고 오전 내내 어제 있었던 이조세 과장과의 상담을 되새겨 본다. 기능에 대해 만족을 하는 것 같고, 서비스 시스템에 대해서도 만족을 하는 것 같은데……. 가격과 결제조건을 갖고 망설이는 것 같은데 진짜 그것이 문제인가? 아니면 다른 문제가 있는가? 등등의 질문을 스스로에게 하면서 이조세 과장의 전화를 기다린다. 어느새 오전이 지났다. 동료들과 점심을 먹으면서도 그 생각이 떠나질 않는다. 문득 비즈니스 코치를 만나는 날이 오늘이라는 것이 떠오른다. "그래, 오늘 비즈니스 코치를 만나 이 문제를 이야기해 봐야겠다. 뭔가 내가 모르는 방법이 있을 것이다." 김 대리는 서둘러 식사를 마치고 외출 준비를 한다. 김 대리는 오늘 비즈니스 코치를 만나 물어볼 것을 정리하면서 공원으로 향한다. 공원에 도착한 김 대리는 비즈니스 코치를 찾는다. 역시 그는 예의 그 자리에 앉아 있다. 참 성실한 습관을 갖고 있는 듯하다. 김 대리는 비즈니스 코치에게 다가가 반갑게 인사를 하며 그의 곁에 앉는다.

김 대리: 안녕하셨습니까?

비즈니스 코치: 어서 오세요! 일주일간 좋은 성과가 있었는지요? 얼굴을 보니 뭔가 궁금한 것이 있는 것 같은데…….

김 대리: 예! 있습니다.

비즈니스 코치: 그래요? 뭔가요?

김 대리: (김 대리는 지난 일주일 사이에 이조세 과장과 진행되었던 상담 내용을 이야기하면서 묻는다.) 그런데 고객들이 결정을 미루는 이유는 무엇입니까? 어떻게 하면 고객의 결정을 촉구할 수 있지요? 그리고 고객이 반대를 할 때 어떻게 대응해야 할까요?

비즈니스 코치: (웃으며) 꽤나 궁금했던 모양이군요. 이제 우리의 이야기도 막바지에 접어든 것 같군요. 하나씩 알아보도록 합시다. 먼저 고객이 결정을 미루는 이유가 궁금하다고 했죠? 그건 고객 입장에서 아직 확신이 부족하다는 증거이지요. 자신이 결정을 했을 때 얻을 수 있는 이익에 자신이 없다는 것입니다. 물론 회사 내부적인 상황에 따라서 결정이 미루어지기는 하지만…… 중요한 것은 이조세 과장이 결정을 하지 못했다는 것이군요. 내부적인 결정과정에 의해 미루어지는 것과는 다르지요. 이조세 과장이 확신이 있다면

김 대리에게 좋은 답을 주었겠지요. 따라서 고객이 결정을 뒤로 미룰 때 영업사원들은 대부분 고객이 결정을 할 때까지 기다리거나, 결정을 고객에게 맡기는(물론 결정의 고유권한은 고객 몫이지만) 경향이 있습니다. 그래서는 곤란합니다. 왜냐하면 고객은 고객 스스로를 위해 결정하지 영업사원을 위해 결정하지는 않습니다. 따라서 영업사원들은 고객이 내리는 결정이 스스로의 이익과 문제를 해결하는 것이며 스스로를 위한 결정이라는 것으로 의사결정을 촉구할 필요가 있습니다. 그럴 때 사용할 수 있는 방법으로 다음과 같은 것들이 있습니다.

❖ 직접 요청　　　　　　　❖ 대안 선택 방법
❖ 경미사항 결정 요구 방법　❖ 다음 단계 제시 방법
❖ 기회 포착 방법　　　　　❖ 저울질(T) 방법
❖ 상상력 자극법

김 대리: 아! 그렇군요.

비즈니스 코치: 이해가 됩니까?

김 대리: 직접 요청하는 것은 이해가 되는데 다른 것들은…….

비즈니스 코치: 그래요! 좋습니다. 하나씩 설명을 하지요. 직접 요청하는 것은 고객에게 구매의사결정을 직접 물어보는 방법이지요. 대안 선택은 하나 또는 둘의 대안을 제시한 후 고객이 하나를 선택하도록 하는 것입니다. 예를 들어 '이조세

과장님, 새로운 사무기기 모델이 두 가지가 있는데 ○ ○ ○
와 ○ ○ ○ 중 어느 것으로 하시는 것이 좋겠습니까?'라며
선택을 촉구하는 것입니다. 경미사항 요구 방법은 계약에 필
요한 작은 것들에 대해 고객의 동의를 하나씩 받아 내는 것
입니다. 다음 단계 제시 방법은 고객의 의사결정을 촉구하기
위해 김 대리가 제공할 수 있는 방법들 – 프리젠테이션, 시
연, 전시장 방문 등 – 을 제시해 하나씩 설득을 하는 방법입
니다. 이조세 과장과 직원을 김 대리 회사의 전시장에 방문
하도록 한 것이 이 방법이지요. 기회 포착 방법은 고객의 이
야기 속에서 고객의 결정적인 구매동기, 즉 니즈를 발견하는
것이지요. 그리고 그 기회를 발견할 때마다 고객에게 결정을
촉구하는 질문을 하는 것입니다. 저울질 방법은 고객이 결정
을 하였을 때 얻는 이익과 결정을 미루었을 때 볼 수 있는
손해를 비교해 설명을 하면서 결정의 이익을 강조하는 방법
입니다. 상상력 자극법은 고객이 거래를 통해 얻는 이익을
구체적으로 표현해 그 이익을 누리고 있는 자신의 모습을
상상하도록 하는 방법입니다. '이조세 과장님, 직원들이 이
사무기기를 사용함으로써 ○ ○ ○ 한 이익을 얻고 그를 통해
고객과의 상담을 성공적으로 진행하는 모습을 상상해 보십
시오. 멋지지 않습니까?'라고 표현을 해 고객의 감성을 자극
하는 방법입니다. 김 대리는 이조세 과장과의 상담을 통해
과연 이 방법들 중 몇 가지나 사용한 것 같습니까?

김 대리: 글쎄요. 저희 전시장에 오도록 한 것 외에는…….

비즈니스 코치: 고객의 구매 결정을 촉구하는 기술은 설득의 한 방법입니다. 즉 이 방법들에는 그러한 행동을 하였을 때 고객이 얻는 이익을 끊임없이 강조해야 한다는 것이지요. 김 대리가 이조세 과장의 궁금증을 해결해 주면서 그 마지막에 는 항상 고객의 니즈를 충족시켜 주고 그것을 통해 얻을 수 있는 이익을 강조하는 것 그리고 그것에 고객이 동의하는지 를 확인하는 상담기술이 필요하다는 것입니다. 물론 김 대리 는 이조세 과장의 질문과 의문에 대해서 적절한 설명을 하 였지만 중요한 것은 그것에 대해 고객이 어떻게 생각을 하 는지 확인하는 절차가 빠진 것이지요. 때로 고객은 영업사원 이 '결정을 하십시오. 결정하셨습니까?'라고 질문하기를 바 라기도 합니다.

김 대리: 그런 질문을 했는데 고객이 반대를 하면…….

비즈니스 코치: 그것은 반대를 극복하는 방법을 활용하면 됩니 다. 반대를 극복하는 방법을 알아보도록 할까요? 김 대리는 이조세 과장이 가진 가격과 결제조건에 대한 의문이 진짜 반대의 이유라고 생각합니까?

김 대리: 대부분의 고객들은 가격을 갖고 반대를 하는데…… 진짜가 아닌가요?

비즈니스 코치: 그럼 그것은 영업의 문제인가요? 협상의 문제 인가요?

김 대리: 지난번 이야기를 통해 보면 거래 조건인데……. 그럼 협상의 문제 아닙니까?

비즈니스 코치: 맞습니다. 그럼 그것에 대한 대응 방법은?

김 대리: 회사에서 정한 조건을 이야기하거나, 때로는 상사와 협의를 해 좋은 조건을 제시합니다.

비즈니스 코치: 그럼, 그것이 결정적인 반대의 이유가 아니라면?

김 대리: …….

비즈니스 코치: 그래서 앞에서 이야기한 대로 거래조건이 회사에 불리하게 되는 경우가 발생하지요. 그리고 고객은 구매를 할 때 그러한 전술을 활용하라는 훈련을 받습니다. 영업을 제대로 한다는 것은 회사 입장에서는 좋은 조건으로 판매를 하는 것이고, 고객 입장에서는 구매 가격도 중요하지만 적절한 투자를 통해 자신의 니즈를 만족시키는 것입니다. 이 차이를 이해하겠습니까?

김 대리: 이해는 합니다만, 고객이 그렇게 나오면 대부분 양보를 하거나…….

비즈니스 코치: 일단 고객의 반대를 진정한 반대로 생각하지 않는 것이 중요합니다. 만일 김 대리가 새로운 가격과 결제 조건을 만들어 이조세 과장에게 제시를 한다면 이조세 과장의 전술에 지는 것입니다. 그것이 고객의 진정한 반대가 아니라면 말입니다. 그래서 고객의 반대를 분석해야 합니다. 고객의 반대는 1) 표면적인 거부(무관심), 2) 잘못된 지식(오

해), 3) 의문(의심), 4) 무모한 반대로 분류할 수 있지요. 예를 들면 1) 표면적으로 거부하는 고객은 '필요 없다, 바쁘다, 시간이 없다, 흥미 없다.'와 같은 말을 하면서 상담 자체를 거부합니다. 2) 잘못된 지식을 가진 고객은 상품에 대하여 잘못 알고 있거나 회사에 대해 잘못 알고 있는 것이지요. 따라서 'ㅇㅇㅇ라고 하던데……, ㅇㅇㅇ한 성능이 없다고 하더라……, ㅇㅇㅇ한 문제를 잘 해결해 주지 않더라.'와 같은 반응을 보지이요. 3) 의문이나 의심을 가진 고객은 영업사원이 설명한 상품, 회사의 특성 / 기능에 대해 의심을 갖는 것입니다. '과연 그러한가? 믿을 수 없다.' 등의 반응을 보입니다. 마지막으로 무모한 반대는 고객의 요구를 영업사원이 들어줄 수 없는 경우입니다.

김 대리: 그럼 고객들이 일반적으로 말하는 것이 진정한 반대가 아닐 수도 있다는 말씀입니까?

비즈니스 코치: 그렇지요. 영업사원과 상담을 하면서 처음부터 진정한 반대를 말하는 고객은 거의 없습니다. 그런데 영업사원들은 그러한 고객의 반응에 주눅이 들어 불리한 계약을 합니다.

김 대리: 그럼 어떻게 해야 합니까?

비즈니스 코치: 먼저 영업사원은 고객의 어떠한 반응에도 민감하게 대처를 해야 합니다. 고객의 반응을 무시해서는 안 되지요. 둘째로 고객의 반응에 대해 진위 여부를 알아내려는 접근

방법이 필요하지요. 따라서 고객의 반대에 부딪쳤을 때는 다음과 같은 단계로 고객의 반대를 극복할 수 있지요.

1) 경청
2) 고객의 언어로 표현
3) 숨겨진 이유 발견: 반대의 진짜 이유
4) 대응
5) 마무리 시도

이것을 김 대리가 이조세 과장과 상담한 것에 적용을 하면 다음과 같이 대응을 할 수 있어야 합니다.

경청	고객의 입장에서 공감
고객의 언어로 표현	이조세 과장님께서 가격과 결제조건에 신경을 쓰시는 것은 당연합니다.
숨겨진 이유 발견	그럼 그것 외에 다른 문제는 없다는 말씀입니까?
대응	그것에 대해선……. (해결책의 설득 방법 활용)
마무리	어떻습니까?

여기서 중요한 것은 고객이 반대를 하는 이유를 찾아내는 것입니다. 이것은 오해나 의심을 극복할 수 있는 방법입니다.

김 대리: 그럼 표면적으로 거부하는 고객과 무모한 반대를 하는 고객에게는…….

비즈니스 코치: 표면적으로 거부하는 고객은 아직 자신의 니즈를 모르거나 영업사원이 제공하는 이익의 필요성을 모르기

때문에 나오는 반응이지요. 이러한 고객에게는 질문기법을 활용해 고객의 니즈를 끌어내는 것이 핵심입니다. 여유를 갖고 고객이 부정적인 반응을 보이더라도 적절한 질문을 통해 고객을 상담으로 끌어들이고 자신의 문제를 발견하도록 하는 것이 필요합니다. 그리고 무모한 반대를 하는 고객에게도 질문을 통해 니즈를 찾아보고, 그래도 영업사원이 해결할 수 없는 이유로 반대를 한다면 장기적인 관점에서 좋은 관계를 형성하려는 노력이 필요합니다. 다시 강조하자면 아직까지는 협상의 단계로 들어간 것이 아닙니다. 영업의 무기로 고객의 반대를 극복하면 협상으로 들어가지 않거나 협상에 들어가도 유리한 결과를 얻을 수 있다는 것을 명심하시기 바랍니다.

김 대리: 잘 알겠습니다. 그런데 실제로는 영업 단계와 협상의 단계를 구분하는 것이 쉬운 일이 아닙니다.

비즈니스 코치: 이해합니다. 모든 고객은 자신에게 유리한 구매를 하려 하지요. 그것이 때로는 구매의 이익보다는 구매의 조건에 더 집중을 하는 이유이기도 합니다. 구매 조건도 무시할 수는 없지만 고객이 구매를 통해 얻는 이익이 더 중요하고 영업사원은 그 이익을 제공한다는 믿음을 가져야 합니다. 그것이 영업이 존재하는 이유이기도 하지요. 그리고 영업은 항상 협상과 함께합니다. 즉 영업을 하면서 협상이 없을 수 없다는 것이지요. 하지만 협상의 무기와 내용으로 영

업을 하지 말라는 것을 다시 한 번 강조합니다. 또한 협상은 주고 받는 것이라는 것도 잊지 마시기 바랍니다. 오늘도 여기서 이야기를 마쳐야겠네요. 다른 분과 약속이 있어서요. 오늘 이야기 내용을 잘 적용하셔서 좋은 결과를 갖고 다음 주에 만나도록 합시다. 아마도 영업과 관련해서는 마지막 만남이 되겠군요.

김 대리: 예? 무슨 말씀이신지……. 아직 저는 알고 싶은 것이 많은데…….

비즈니스 코치: 오늘이 마지막이 아니잖습니까? 다음 주에 만납시다.

비즈니스 코치는 일어서서 발걸음을 옮긴다. 김 대리는 인사를 하고 다시 자리에 앉는다. 오늘 이야기 나눈 내용보다 다음 주가 마지막이라는 말이 더 충격적이다. 아직 알고 싶고 배우고 싶은 것이 많은데……. 김 대리는 아쉬운 생각에 빠져든다. 한참 후, 그래도 아직 한 번 더 만날 수 있다는 비즈니스 코치의 말을 떠올리고는 김 대리도 자리에서 일어나 사무실로 향한다. 혹 이조세 과장의 전화가 왔을지도 모르고, 또 오늘 비즈니스 코치와의 대화 내용을 정리할 생각으로…….

사무실에 도착한 김 대리는 자신을 찾는 전화가 없었다는 데 다소 실망을 하면서 며칠간 여유를 갖고 이조세 과장의 전화를 기다리기로 했다. 김 대리는 오늘 대화 내용을 정리하면서 그동안 고객의 반대를 효과적으로 극복하지 못한 원인을 알게 되었고, 고객들의 반대가 그들의 전술이며, 효과적으로 대응할 수 있는 방법을 적용함으로써 보다 유리한 계약을 할 수 있다는 것을 알게 되었다. 새삼 김 대리는 비즈니스 코치를 만난 것이 행운이라고 생각한다. 이 인연을 오래도록 유지하는 방법을 찾고 싶어진다. 이런저런 생각을 하던 김 대리는 자리에서 일어나 퇴근 준비를 한다. 벌써 동료들 대부분은 퇴근을 했다.

이틀 후 아침 일찍 김 대리를 찾는 전화가 왔다. 전화 상대는 이조세 과장이다. 인사를 나눈 후 이조세 과장은 오후에 한 번 더 만나자고 한다. 김 대리는 이조세 과장의 목소리가 활기 있음을 느낀다. 약속 시간을 정한 후 김 대리는 상담 준비를 한다. 김 대리는 상사를 만나 이조세 과장과의 상담 내용을 이야기한 후 오후의 상담에서 제시할 새로운 가격과 결제조건을 상의한다. 지난번 것보다 나은 조건을 합의한다. 하지만 오늘은 그 조건을 말하지 않을 것이라고 김 대리는 다짐한다. 이것은 협상이다. 만일 이것을 제시하지 않고 마무리가 된다면 회사나 김 대리에게 유리한 계약이 될 것이다. 김 대리는 그동안 이조세 과장과의 상담 내용을 검토한 후 최후의 영업 스토리를 만든다.

오후 시간 김 대리는 이조세 과장의 사무실 앞에 서 있다. 심호흡을 한 후 김 대리는 사무실의 손잡이를 돌린다.

김 대리: 안녕하셨습니까? 이조세 과장님!

이조세 과장: 아! 예! 어서 오십시오. (이조세 과장은 김 대리를 맞이하며 상담실로 향한다.)

상담실에 앉은 두 사람.

김 대리: 지난번에 시간을 내어 저희 전시장에 오신 것에 다시 한 번 감사를 드립니다.

이조세 과장: 예! 저희도 좋은 기회였다고 생각합니다. 그래서 말입니다……. (하면서 주저한다.)

김 대리: 무엇입니까? 말씀을 하십시오!

이조세 과장: 다 좋은데 가격이 부담이 되더군요. 결제조건도 마찬가지이고…….

김 대리: (여유를 갖고) 이조세 과장님께서 투자 금액과 방법에 관심을 갖는 것은 당연합니다. 이조세 과장님의 결정이 회사의 업무에 큰 영향을 미칠 것이니까요? 그럼 가격과 결제조건 말고 다른 이유는 없습니까?

이조세 과장: 예! 사실 금년도 새로운 사무기기에 투자할 예산이 충분하지 않아서…… 조건만 맞으면…….

김 대리: 잘 알겠습니다. 투자를 신중하게 결정하시고, 또 예산 부분도 중요한 것입니다. 하지만 이렇게 생각해 보시기 바랍니다. 이조세 과장님께서 확인하시고 동의를 하신 바와 같이 이번의 새로운 사무기기는 영업사원들이 영업을 준비하는 업무시간을 20% 이상 절약할 수 있게 해 줍니다. 그리고 그

시간을 영업사원들은 고객과의 상담에 사용할 수 있습니다. 그렇게 이조세 과장님 회사 영업사원들이 20%의 시간과 노력을 고객에게 집중 투자한다면 그 결과는 영업의 성과로 나타날 것입니다. 이러한 성과를 예산 문제로 내년으로 넘기는 것이 바람직하겠습니까?

이조세 과장: 그건 그렇지만…….

김 대리: 그러한 이익이 확실히 보장되는데 내년으로 연기한다는 것은, 한편으로는 그만큼의 수익을 놓치는 것이 됩니다. 가치 있는 투자가 확실한데……. 그리고 이번 결정으로 이조세 과장님의 평가도 좋아질 것이고…….

이조세 과장: 가치 있는 투자인 것은 확실한데……. 다른 부분의 예산 상황은 어떤지…….

김 대리: 회사를 위해 현명한 투자를 하신다면 다른 부문의 담당자들도 좋아하지 않겠습니까?

이조세 과장은 한참을 생각에 잠긴다. 김 대리는 더 이야기하고 싶은 충동을 참으면서 이조세 과장의 대답을 기다린다.

이조세 과장: 알겠습니다. 제가 알아보도록 하지요. 내일 오전에 연락을 드리도록 하지요.

김 대리는 이조세 과장에게 좋은 소식을 기다린다는 인사를 하고 사무실을 나온다.

햇살이 김 대리의 머리에 내린다. 불과 몇 주 전에는 김 대리를 힘들게 하던 햇살이 오늘은 김 대리를 축복해 주는 것 같다. 분명 내일 좋은 소식이 올 것이라는 확신을 갖는다. 김 대리는 "영업이라는 것이 이런 매력이 있구나. 비즈니스 코치를 만나지 않았더라면 또 다른 조건을 이야기했을 텐데……. 영업의 무기로도 얼마든지 고객을 설득할 수 있구나. 아마도 내일 이조세 과장의 전화를 받고 그 결과를 상사나 직원들이 알면 깜짝 놀라겠지. 가장 유리한 조건으로 사무기기를 판매한 것이니까."라는 생각이 든다.

내일이 이조세 과장의 구매의사를 듣는 날이고 또 오후에는 비즈니스 코치를 마지막으로 만나는 날이라는 것이 공교롭게도 일치한다. "내일 오후 비즈니스 코치를 만날 때 좋은 결과를 가져가고 싶은데……." 하는 생각이 든다.

다음 날, 김 대리는 평소보다 일찍 출근을 했다. 자리에 앉아 이런저런 생각을 한다. 이조세 과장의 전화 내용에 대한 궁금증(물론 좋은 것이리라는 확신이 있기는 하지만)과 오후의 비즈니스 코치와의 만남…….

오전이 거의 지나갈 때까지 전화가 없다. 김 대리도 조바심이 난다. 그렇다고 자신이 먼저 전화를 걸 수도 없다. 동료 한두 명이 점심을 먹으러 나간다. 김 대리는 마지막까지 기다리기로 한다. 그때 전화벨이 울리고 김 대리는 수화기들

든다. 이조세 과장이다. 전화선을 타고 이조세 과장의 목소리가 들린다. 결정을 하였다는 목소리다. 처음에 제시한 가격과 결제조건으로 오늘 계약을 하자고 한다. 김 대리는 감사하다는 말을 하면서 수화기를 내려놓는다. 김 대리는 자신도 모르게 "야호!" 하라고 외친다. 다른 동료들이 깜짝 놀란다. 김 대리는 마음을 안정시키고 상사에게 보고를 하러 간다. 상사의 기뻐하는 얼굴이 떠오른다. 그리고…….

오후 시간

김 대리 손에는 계약서 복사본이 들려 있다 이조세 과장과의 계약을 마치고 회사에 보고를 한 후 계약서 한 부를 복사해 가지고 나왔다. 비즈니스 코치에게 보여 주기 위해서…….

김 대리의 발걸음이 빨라진다. 저기 공원이 보인다. 김 대리는 발걸음을 재촉한다. 비즈니스 코치는 늘 앉던 자리에 조용히 앉아 있다. 오늘따라 그의 모습이 더 크게 보인다. 김 대리는 비즈니스 코치에게 다가가 숨을 헐떡이며 인사를 한다. 그리고는 손에 들고 있던 계약서 사본을 코치에게 정중하게 내민다.

비즈니스 코치: (깜짝 놀라며) 이게 뭡니까?

김 대리: 계약서입니다. 제가 오늘 회사에서 최고의 계약을 하였습니다. 지난번에 말씀 드린 이조세 과장님 회사와…….

그 계약서 사본입니다.

비즈니스 코치: (김 대리가 내민 계약서 사본을 조심스레 받으며 김 대리를 쳐다본다.) 축하합니다. 그리고 감사합니다. 나에게 최고의 선물을 갖고 오셨군요.

김 대리: 감사는 제가 해야죠! 정말로 감사합니다. 이제야 영업이라는 것의 의미와 가치 그리고 영업을 제대로 하는 방법을 알게 되었습니다. 모두가 비즈니스 코치님의 덕분입니다. 정말로 감사합니다.

비즈니스 코치: 고맙군요. 제가 도움이 되었다니……. 그리고 나를 믿고 내 이야기를 실천한 김 대리도 고맙습니다. 나와 이야기 나누는 모두가 김 대리 같지는 않거든요. 그리고 나도 김 대리에게 마지막으로 줄 것이 있는데…….

비즈니스 코치는 종이를 한 장 꺼낸다. 그 종이에는 다음과 같은 그림이 있다.

비즈니스 코치: 이 그림이 영업상담 프로세스입니다. 우리가 이제까지 나눈 이야기를 그림으로 나타낸 것이지요. 잘 간직 하시고 기억을 해 어떤 상담이든 이 프로세스대로 준비하고 상담을 하면 효과적인 상담이 될 것입니다.

김 대리는 비즈니스 코치가 내민 종이를 정성스럽게 받아 든다.

김 대리: 정말 오늘이 마지막인가요? 저는 배워야 할 것이 아 직 많은데……. (하면서 비즈니스 코치가 건네준 종이를 자세히 읽

는다.) 그리고 오프닝은 어떻게 합니까? 오프닝에 대해서는 말씀해 주시지 않았는데……. 사실 고객을 처음 만나 상담으로 들어가기가 쉽지 않습니다.

비즈니스 코치: 그래요? 그럼 말씀을 드리지요. 고객은 영업사원이 자신을 만나러 오면 부담을 느끼지요. 그것은 앞에서 충분히 이야기했고, 그때 영업사원이 어떻게 상담을 시작하는가가 중요하지요. 처음의 커뮤니케이션에서 고객은 영업사원의 능력과 상담의 가치를 판단하니까요. 고객과의 상담을 이끌어 가는 과정은 다음과 같습니다.

1단계: 친교를 나눈다.

2단계: 상담의 일반적인 목적과 이익을 이야기한다.

3단계: 목적과 이익의 사례를 이야기한다.

4단계: 상담의 목적과 이익을 고객에게 구체적으로 맞춘다.

5단계: 다음 단계를 확인받는다.

김 대리: 좀 더 자세히 알려 주십시오.

비즈니스 코치: 그러지요.

1단계 – 친교를 나눈다. 이것은 고객의 마음을 여는 이야기로 시작하라는 것입니다. 고객과 고객 기업의 장점을 칭찬하거나, 방문을 하면서 받은 느낌 중 좋은 부분을 칭찬하는 방법, 고객을 추천해 준 사람의 이야기를 하면서 상담을 시작하는 방법, 고객에게 유익하고 도움이 되는 소식을 전하는 방법, 고객 개인의 성취나 자랑거리를 찾아 칭찬을 하면서 질문을 하는 방법 등이 있지요.

2단계 - 상담의 일반적인 목적과 이익을 이야기한다. 이것은 영업사원이 고객을 만나는 가치를 고객에게 알리는 것입니다. 예를 들면 '○○○ 부장님, 요즘 성과가 좋은 기업들은 직원들의 업무시간에 무척 신경을 씁니다. 좀 더 효율적으로 업무시간을 활용하는 데 가치를 둡니다.'와 같이 김 대리가 고객에게 소개하고자 하는 상품(최신 복사기)의 기능이 주는 이익을 넓게 이야기합니다.

3단계 - 목적과 이익의 사례를 이야기한다. '부장님께서도 잘 아시는 ○○기업의 영업을 하는 직원들이 서류 작업에 빼앗기는 시간을 줄이기 위해 새로운 기능을 가진 복사기를 구입해서 활용하고 있습니다. 영업사원들이 고객과의 상담에 좀 더 집중하도록 회사가 지원을 해 준 것이지요.'

4단계 - 상담의 목적과 이익을 고객에게 맞춘다. '오늘 방문한 목적은 ○○○ 부장님께 영업사원들이 서류 작업에 시간을 빼앗기지 않고 고객과의 상담에 집중함으로써 성과를 올릴 수 있는 방법을 알려드리기 위해서입니다.'

5단계 - 다음 단계를 확인받는다. '그 방법을 효과적으로 알려드리기 위해 몇 가지 질문을 하도록 하겠습니다. 어떻습니까?'라고 하는 것이지요.

이렇게 함으로써 고객이 상담에 응했을 때 얻을 수 있는 이익을 명확하게 알 수 있기 때문에 보다 적극적으로 임하게 되고, 또 영업사원이 상담의 주도권을 쥘 수 있는 방법이지요.

김 대리: 생각보다는 쉽지 않군요.

비즈니스 코치: 그렇지요? 하지만 이 프로세스를 기억하고 김 대리의 스타일에 맞는 오프닝 메시지를 준비해 연습을 하면 자연스럽게 활용할 수 있을 것입니다.

김 대리: 잘 알겠습니다. 끝까지 도움을 주서서 감사합니다. 언제 만날 수 있을까요? 알고 싶은 내용이 많은데…….

비즈니스 코치: 걱정 마세요. 김 대리가 새로운 것을 받아들일 준비가 되면 다시 만날 수 있을 것입니다. 김 대리 곁에 제가 늘 함께한다고 생각해 주시기 바랍니다. 오늘 김 대리가 가져온 계약서 사본은 제가 선물로 가져도 되겠지요?

김 대리: 물론입니다. 반드시 최고의 영업사원이 되도록 하겠습니다.

김 대리와 비즈니스 코치는 오랫동안 대화를 나눈다. 날이 저물어 공원이 어둑해질 때까지. 그리고 비즈니스 코치와 김 대리는 자신들이 갈 길을 향해 발걸음을 옮긴다.

에필로그
epilogue...

김 대리는 영업에 자신감이 생겼다. 자신의 영업 방식을 고객의 니즈 중심으로 바꾼다는 것이 쉬운 일은 아니었지만 비즈니스 코치와의 대화 내용을 기억하면서 꾸준히 실천을 한 결과 이제는 고객들이 기다리는 영업사원이 되었다. 김 대리 스스로도 고객에게 이익을 제공할 수 있다는 믿음을 갖고 더욱 열정적으로 영업 활동을 전개할 수 있었다.

김 대리의 성과에 회사 전체가 놀랐다. 연말에 김 대리는 '올해의 영업사원' 상을 받았다. 김 대리는 이것을 자신만의 영광이기보다는 고객들의 도움 덕분이라고 생각한다. 물론 비즈니스 코치의 도움이 절대적이었지만……

김 대리는 앞으로도 계속 성장할 것이다. 언젠가 다시 비즈니스 코치를 만나게 될 것을 기대하면서……

부록

부록1 고객의 의사결정 촉구 방법

:: 추정 승낙법

- 상대가 침묵, 승낙을 의미하는 질문, 마무리 시도
  - 우선 100상자 정도 납품을 시켜 보시는 것이……. 주문서에 사인을……?

:: 선택 질문법

- 망설이는 고객, 2가지 선택안, 결정 촉구
  - 일단 100상자만 사용해 보시고…….
  - 납품은 월말과 월초·중 언제가 좋을지…….
  - 거래에는 3가지 방법이 있는데 어느 것으로…….

:: 긍정 유도법

- 상대방으로 하여금 긍정적인 답이 나오도록
  - 오늘 결정하실 것으로……. 상품은 차에, 가져오도록…….

:: 결과 지적법(T그래프)

:: 이점 확인법

- 고객이 얻는 이익을 하나씩 나열, 결정하도록
  - 부작용도 없고, ⋯⋯한 문제도 해결⋯⋯. 그리고 ○○○한 이익을⋯⋯.

:: 반대 이유 제거법

- 고객의 반대 이유를 하나로 줄여 해결되면 결정
  - 그럼 ○○와 ○○○이 중요하군요. 이렇게 하면 어떻습니까?

:: 세일링 포인트 강조법

- 솔루션(사실, 장점, 이익)을 강조

:: 주문 의뢰법

- 직접적인 요청

:: 히든 카드 제시법

- 숨겨진 혜택(주로 거래조건)을 최후의 무기로
  - 참, 중요한 이야기가⋯⋯ 이번 거래에서 10% 할인을⋯⋯.

:: 기한 한정법

- 기한이 지나면 손해다. 지금이 살 시기이다.

:: 직접법(부정)

- 구실을 대며 거절, 오해가 있을 때

- 농담이시죠? ○○를 원하는 사람은 없죠. 어째서……
- 결코 그런 일은…….

:: 간접법: yes, but

- 상대 말 인정 후 간접적 부정, 경청
  - 효과를 의심하는 것은 당연…… 누구나…… 하지만…….
  - 충분히 이해…… 그럼 ○○한 이익에 대해선 알고 계신 대로…….

:: 반전법

- 반대, 거절을 그대로 응수, 부정하지 않고 다른 방법으로 반전
  - 불경기라 말씀하시는데…… 그렇다면 이 상품으로 매상을 올릴 수…….

:: 사례 제시법

- 사례, 증거, 전문가 제시

:: 전환법 – 자료

- 대화가 잘 진전되지 않을 때 자료를 통해 진전을 시도
  - 아 참, 임상실험 자료가 있는데…….
  - 처음으로 돌아가…… ○○에 대한 자료로…….

:: 전환법 – 대화

- 다른 화제를 끌어내는 것

:: 무시법

- 거절, 반대 또는 의견을 무시

:: 질문법

:: 응수 질문법

고객이 기다리는 영업사원

1. 고객이 배울 수 있는 영업사원
2. 고객의 말을 경청하는 영업사원
3. 고객의 상황, 니즈 중심으로 상담을 하는 영업사원
4. 고객이 기꺼이 자신의 시간을 허락할 가치와 능력이 있는 영업사원
5. 고객의 시간을 소중하게 여기는 영업사원
6. 비즈니스(영업) 프로세스를 잘 갖춘 영업사원
7. 자사의 역량을 효과적으로 활용하는 영업사원
8. 유용한 정보를 제공하는 영업사원
9. 고객의 반응에 적절하게 대응하는 영업사원
10. 일방적인 설명이 아닌 고객 중심의 커뮤니케이션을 하는 영업사원
11. 고객이 믿을 수 있는 사실과 증거자료들을 준비한 영

업사원

12. 말과 행동에서 신뢰를 주는 영업사원

13. 고객의 업무와 산업에 대한 풍부한 지식을 갖춘 영업사원

14. 뚜렷한 비전과 일의 가치를 인식하고 활동하는 영업사원

15. 다음의 비즈니스 프로세스를 알려 주는 영업사원

16. 고객을 당황하게 하지 않는 영업사원

17. 고객의 구매경험을 가치 있게 해 주는 영업사원

18. 구매 프로세스와 비용을 줄여 주는 영업사원

19. 문제 해결, 이익 중심으로 상담을 하는 영업사원

20. 고객이 의사결정을 하는 데 적절한 정보를 제공하는 영업사원

부록3 Cold Call

영업의 초기 단계로 신규고객을 발굴 후 자료를 보내거나
영업상담을 위한 약속을 잡는 수단으로 전화를 활용하는 스킬

1. 담당자 파악 및 자료 발송

- 인사, 자기소개
- 흥미 유발, 일반적 이익
  - 자사가 제공하는 이익
  - 자사의 문제 해결 분야
  - 고객이 얻는 비즈니스 이익
- 담당자 확인
- Follow – up

2. 상담 약속

- 인사, 자기소개
- 흥미 유발, 일반적 이익
  - 자사가 제공하는 이익
  - 자사의 문제 해결 분야
  - 고객이 얻는 비즈니스 이익
- 자격
  - 사례
  - 타기업 / 기존 고객의 이익 – 모델고객
- 미팅의 이익
  - 상담을 통해 고객이 얻는 이익
  - 해결할 수 있는 문제
  - 위의 것으로 연결
- 선택
  - 약속 날짜, 시간을 고객이 선택하도록

3. 추천받은 후 전화

- 인사, 자기소개
- 하는 일
  - 자사가 제공하는 핵심적인 이익
- 추천자와 이유
  - 추천자와 추천자가 자사와 비즈니스를 하게 된 상황
  - 추천자가 얻은 이익

- 이익, 타당성
  - 상담의 이익
- 선택

4. 정보를 활용한 전화

- 인사, 소개
- 하는 일
  - 자사가 제공하는 핵심적인 이익
- 정보원천
  - 고객과 고객의 상황을 알게 된 원천
- 증거, 이익, 사례
  - 시장에서의 성과
  - 구체적 고객 언급
- 선택

5. 기존 고객 추가 판매를 위한 전화

- 인사, 소개
- 기존의 성과
  - 기존 거래를 통한 고객의 이익
  - 해결한 문제
  - 이익 등

- **새로운 아이디어, 성과**
  - 새로운 아이디어가 필요한 상황
  - 아이디어
  - 성과
- **사례, 증거**
  - 구체적 성과
  - 증거
- **선택**

6. Cold Call 마무리

- **약속 확인**
  - 약속 내용
- **미팅 주제**
  - 고객 중심
  - 문제 해결, 이익 중심으로
- **이익**
  - 구체적인 이익
- **추가**
  - 추가 사항 확인

부록4 아젠더

　고객과의 상담을 위해 영업사원이 상담의 전체적인 윤곽을 준비하는 영업활동 시트로 영업상담을 성공적으로 진행하는 데 기본이 된다. 또한 고객과 아젠더를 공유함으로써 고객도 상담에 대한 진지한 준비를 하는 데 도움을 주고 영업사원의 역할을 고객이 인식하게 한다.

　바람직한 아젠더의 작성과 공유는 영업의 성과 향상에 도움이 된다.

고객과 공유(고객에게 발송하는 아젠더)

• 미팅시간 • 미팅장소 • 미팅참가자	
• 미팅주제	
• 미팅내용	
• 이익	
• 기타제안 • 확인사항	

영업사원이 준비하는 시트

• 미팅시간 • 미팅장소 • 미팅참가자 • 미팅자료	
• 고객의 상황	
• 미팅주제	
• 미팅내용	
• 결과/목적	
• 기타제안 • 확인사항	

김 대리 Sales Master Series 1
영업의 달인이 되다

초판인쇄 | 2009년 1월 20일
초판발행 | 2009년 1월 20일

지은이 • 노진경 / 펴낸이 • 채종준 / 펴낸곳 • 한국학술정보㈜ / 주소 • 경기도 파주시 교하읍 문발리 513-5 파주출판문화정보산업단지 / 전화 • 031)908-3181(대표) / 팩스 • 031)908-3189 / 홈페이지 • http://www.kstudy.com / E-mail • 출판사업부 publish@kstudy.com

등 록 | 제일산-115호(2000. 6. 19)
가 격 | 10,000원

ISBN 978-89-534-9999-7 03320 (Paper Book)
      978-89-534-0522-6 08320 (e-Book)

이담 Books 는 한국학술정보(주)의 지식실용서 브랜드입니다.